知的生活習慣が身につく

学級経営ワークシート

11ヶ月＋α

5・6年

[監修] 谷　和樹

[編著] 佐藤智彦

JN045679

学芸みらい社
GAKUGEI MIRAISHA

刊行の言葉

教科書のない学級経営に“プロの暗黙知”を

谷　和樹

なぜか学級経営が上手な先生がいます。
荒れたクラスでも、その先生が担任をすると嘘のように落ち着きます。
魔法のように見えますが、もちろん魔法ではありません。
その先生に力があるから落ち着くのです。
そうした「教師の力量」には、たくさんの要素があります。
要素の中には、すぐにマネできるものもありますが、見えにくいものもあります。
当然、見えにくい要素のほうが大切です。
見えにくくてマネしにくい要素を、その先生の

暗黙知

と呼んだりします。
マネすることが難しいから「暗黙知」なのですが、ある程度は言葉にして伝えることもできます。
そのごく一部でもマネすることができたらいいなと思いませんか？
そうした「暗黙知」をできるだけ目に見えるようにしたのが、本シリーズの「ワークシート」です。
ワークシートには、例えば次のようなことが含まれています。

1　何を教えるのか。
2　いつ教えるのか。
3　どのように教えるのか。
1）どんな言葉で伝えるのか。
2）どんな順序で伝えるのか。
4　子供たちはどんな活動をするのか。
1）なぞらせるのか。
2）選ばせるのか。
3）書かせるのか。
5　どのように協力させるのか。
6　どのくらい継続させるのか。
7　どのように振り返らせるのか。

これらを、適切な内容で、適切な時期に、効果的な方法で、ほとんど直感的に指導できるのが教師の実力です。
とりわけ、学級経営には教科の指導と違って「教科書」がありません。
そうした力を身につけるためには、まずはこうしたワークシートを教科書がわりにして、教室で実際に使ってみることが第一歩です。
ワークシートに表現されている内容は、実力のあるベテラン教師の方法そのものだからです。
多くの先生方が、本シリーズのワークシートを活用され、楽しい学級経営をしてくださることを願っています。

本書の使い方

教師ページ

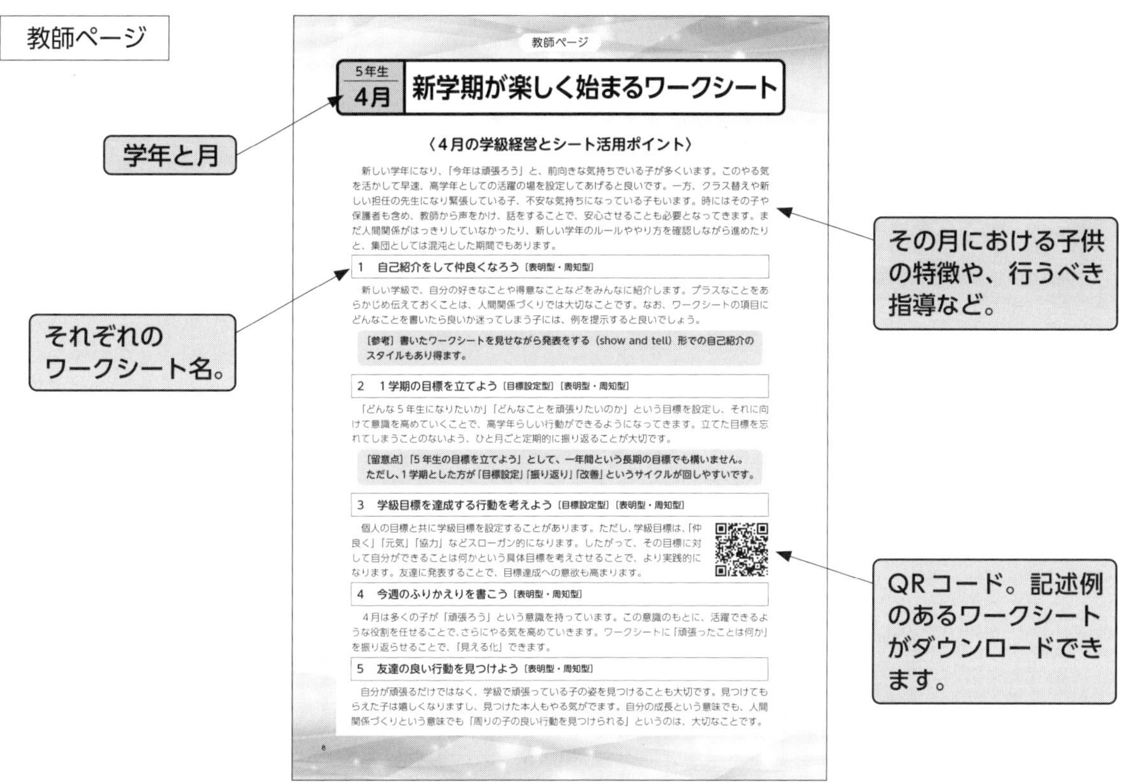

教師ページ

5年生
4月
新学期が楽しく始まるワークシート

〈4月の学級経営とシート活用ポイント〉

新しい学年になり、「今年は頑張ろう」と、前向きな気持ちでいる子が多くいます。このやる気を活かして早速、高学年としての活躍の場を設定してあげると良いです。一方、クラス替えや新しい担任の先生になり緊張している子、不安な気持ちになっている子もいます。時にはその子や保護者も含め、教師から声をかけ、話をすることで、安心させることも必要となってきます。まだ人間関係がはっきりしていなかったり、新しい学年のルールややり方を確認しながら進めたりと、集団としては混沌とした期間でもあります。

1　自己紹介をして仲良くなろう〔表明型・周知型〕

新しい学級で、自分の好きなことや得意なことなどをみんなに紹介します。プラスなことをあらかじめ伝えておくことは、人間関係づくりでは大切なことです。なお、ワークシートの項目にどんなことを書いたら良いか迷ってしまう子には、例を提示すると良いでしょう。

〔参考〕書いたワークシートを見せながら発表をする（show and tell）形での自己紹介のスタイルもあり得ます。

2　1学期の目標を立てよう〔目標設定型〕〔表明型・周知型〕

「どんな5年生になりたいか」「どんなことを頑張りたいのか」という目標を設定し、それに向けて意識を高めていくことで、高学年らしい行動ができるようになってきます。立てた目標を忘れてしまうことのないよう、ひと月ごと定期的に振り返ることが大切です。

〔留意点〕「5年生の目標を立てよう」として、一年間という長期の目標でも構いません。ただし、1学期とした方が「目標設定」「振り返り」「改善」というサイクルが回しやすいです。

3　学級目標を達成する行動を考えよう〔目標設定型〕〔表明型・周知型〕

個人の目標と共に学級目標を設定することがあります。ただし、学級目標は、「仲良く」「元気」「協力」などスローガン的になります。したがって、その目標に対して自分ができることは何かという具体目標を考えさせることで、より実践的になります。友達に発表することで、目標達成への意欲も高まります。

4　今週のふりかえりを書こう〔表明型・周知型〕

4月は多くの子が「頑張ろう」という意識を持っています。この意識のもとに、活躍できるような役割を任せることで、さらにやる気を高めていきます。ワークシートに「頑張ったことは何か」を振り返らせることで、「見える化」できます。

5　友達の良い行動を見つけよう〔表明型・周知型〕

自分が頑張るだけではなく、学級で頑張っている子の姿を見つけることも大切です。見つけてもらえた子は嬉しくなりますし、見つけた本人もやる気がでます。自分の成長という意味でも、人間関係づくりという意味でも「周りの子の良い行動を見つけられる」というのは、大切なことです。

8

いつ、どんな場面で、どのようにワークシートを使わせるとよいか、それぞれ説明が記載されています。ワークシートを使う際の「指示」や「参考」や「留意点」もあります。

また、ワークシートは次の5つの型があります。使用するときの参考にしてください。

1．ふりかえり型（学習や生活を見つめさせ、内省させるときに）
2．目標設定型（学習や生活などの目標を立てさせるときに）
3．表明型・周知型（掲示物にして見せるときや、意見を述べ合う活動のときに）
4．トレーニング型（習慣形成をさせるときに）
5．思考型・模索型（じっくりと思考させるときに）

なお、使用する月は、あくまでも目安です。子供や学級の実態に合わせて使えます。

ワークシート

何年生でも使用できるように、学年は手書きするようになっています。

また、教師ページにあるQRコードを読み取ると、ワークシートにどのように書けば良いか、例示用のPDFにアクセスできます。教師が参考にするだけでなく、子どもにタブレット端末等で読み取らせて見せてもよいでしょう。

なお、本書に掲載のワークシートは、B5判で作成されています。このままコピーしても使用できますが、A4判（115%）やB4判（141%）などに拡大すると、記述するスペースが広くなり、より使いやすくなります。

佐藤智彦

目　次

5年生の学級経営ワークシート

4月 新学期が楽しく始まるワークシート

5月 友達との仲が深まるワークシート

6月 学級の結びつきが強くなるワークシート

7月 成長が実感できるワークシート

9月 夏休み明けの生活が充実するワークシート 防災への意識が高まるワークシート

10月 学級の文化が深まるワークシート

11月 行事が成功するワークシート

12月 健康と安全への意識が高まるワークシート

1月 新年に向けた意識が高まるワークシート

2月 学級の結びつきがさらに強くなるワークシート

3月 一年間がしめくくられるワークシート

6年生の学級経営ワークシート

5年生 4月 新学期が楽しく始まるワークシート

〈4月の学級経営とシート活用ポイント〉

新しい学年になり、「今年は頑張ろう」と、前向きな気持ちでいる子が多くいます。このやる気を活かして早速、高学年としての活躍の場を設定してあげると良いです。一方、クラス替えや新しい担任の先生になり緊張している子、不安な気持ちになっている子もいます。時にはその子や保護者も含め、教師から声をかけ、話をすることで、安心させることも必要となってきます。まだ人間関係がはっきりしていなかったり、新しい学年のルールややり方を確認しながら進めたりと、集団としては混沌とした期間でもあります。

1　自己紹介をして仲良くなろう［表明型・周知型］

新しい学級で、自分の好きなことや得意なことなどをみんなに紹介します。プラスなことをあらかじめ伝えておくことは、人間関係づくりでは大切なことです。なお、ワークシートの項目にどんなことを書いたら良いか迷ってしまう子には、例を提示すると良いでしょう。

［参考］書いたワークシートを見せながら発表をする（show and tell）形での自己紹介のスタイルもあり得ます。

2　1学期の目標を立てよう［目標設定型］［表明型・周知型］

「どんな5年生になりたいか」「どんなことを頑張りたいのか」という目標を設定し、それに向けて意識を高めていくことで、高学年らしい行動ができるようになってきます。立てた目標を忘れてしまうことのないよう、ひと月ごと定期的に振り返ることが大切です。

［留意点］「5年生の目標を立てよう」として、一年間という長期の目標でも構いません。ただし、1学期とした方が「目標設定」「振り返り」「改善」というサイクルが回しやすいです。

3　学級目標を達成する行動を考えよう［目標設定型］［表明型・周知型］

個人の目標と共に学級目標を設定することがあります。ただし、学級目標は、「仲良く」「元気」「協力」などスローガン的になります。したがって、その目標に対して自分ができることは何かという具体目標を考えさせることで、より実践的になります。友達に発表することで、目標達成への意欲も高まります。

4　今週のふりかえりを書こう［表明型・周知型］

4月は多くの子が「頑張ろう」という意識を持っています。この意識のもとに、活躍できるような役割を任せることで、さらにやる気を高めていきます。ワークシートに「頑張ったことは何か」を振り返らせることで、「見える化」できます。

5　友達の良い行動を見つけよう［表明型・周知型］

自分が頑張るだけではなく、学級で頑張っている子の姿を見つけることも大切です。見つけてもらえた子は嬉しくなりますし、見つけた本人もやる気がでます。自分の成長という意味でも、人間関係づくりという意味でも「周りの子の良い行動を見つけられる」というのは、大切なことです。

自己紹介(しょうかい)をして仲良くなろう

年　　組　　番　名前は（　　　　　　　　　　）です。

学期の目標を立てよう

年　　　　組　　　　番　氏名（　　　　　　　　　　　　　　　　）

１．学校での生活面や勉強面、学校外でのことについて、この学期に自分ががんばりたいこと（目標）を、それぞれ書きましょう。

①生活面

②勉強面

③学校外でのこと

２．目標に対する自分の行動はどうでしたか。ふりかえってみましょう。

（　　）月

（　　）月

（　　）月

（　　）月

学級目標を達成する行動を考えよう

年　　組　　番　氏名（　　　　　　　　　　）

１．学級の目標を丁寧(ていねい)に書きましょう。

２．学級の目標を達成するために、自分はどんな行動ができますか。
具体的にいくつも書きましょう。
（複(ふく)数ある場合は、「〇〇については、……」と、項目ごとに書いても良いです）

３．友達の発表を聞きましょう。良かったこと、感想などを書きましょう。

今週のふりかえりを書こう

年　　　組　　　番　氏名（　　　　　　　　　　　　　　　）

1．今週、学校の生活において自分ががんばったことは何ですか。たくさん書きましょう。

〈例〉朝、自分から先に挨拶をした。先生に言われる前に時間を意識(しき)して行動した。
休み時間に低学年の子に優しくした。友達が困っている時に声をかけてあげた。
そうじの時に、自分の役割(わり)以外のことも行った。委員会で〇〇をした。

2．今週、学校の学習において自分ががんばったことは何ですか。たくさん書きましょう。

〈例〉自分から発言するようにした。字をていねいに書いた。友達の意見をしっかりと
聞くようにした。わからない問題を先生や友達に聞きにいった。

3．今週の良かったことや、友達の良かった行動などを書きましょう。

友達の良い行動を見つけよう

年　　組　　番　氏名（　　　　　　　　　　）

１．学校での生活面や学習面で良かった人の名前と行動を書きましょう。
朝の時間、授業中、休み時間、給食やそうじの時間、当番や係、委員会やクラブ、ちょっとした場面のことなどを思い出してみましょう。

〈例〉○○さんが、休み時間にろう下のごみを拾っていた。

２．良かった人の行動から自分が取り入れたいなと思うことは何ですか。

〈例〉教室やろう下に落ちているごみを見つけたら、拾ってごみ箱に捨てる。

３.「１」や「２」のことを発表し合いましょう。また、その感想を書きましょう。

5年生 5月 友達との仲が深まるワークシート

〈5月の学級経営とシート活用ポイント〉

新学期が始まり1か月。徐々に学級に慣れてくるころです。学級が形作られる上での 第一歩は、友達の事を知ることです。このような「友達を知る機会」をきっかけとして、友達の輪が広がっていきます。4月の自己紹介では分からなかった「友達の意外な一面」を子どもたちに発見させる1か月にしてみましょう。

1　友達の良いところを見つけよう［思考型・模索型］［表明型・周知型］

友達のことが次第に分かってくる頃です。時期を限定して、友達の良いところを見つける活動に取り組むことで、友達との関係がさらに深まるでしょう。

［主な指示等］ 説明：これから1週間、友達のよいところを探してみましょう。授業中や休み時間など、友達のよいところをできるだけたくさん見つけてみましょう。

2　連休の思い出を発表しよう［表明型・周知型］

ゴールデンウイークがある5月。連休中に行ったことを互いに知り、発表することで、友達の新たな一面を知ることができます。

［留意点］ 連休中に遊びに行けなかった子どもも一定数います。そのような子どもに配慮するためにも「こんなところに行きたい」という未来日記風に書かせても良いでしょう。

3　さいころトーキングをしよう［表明型・周知型］

小グループになり、さいころが出た目で会話をしていきます。同じ目が出たときには違う内容を話すか、同じ内容で話を膨らませていくかします。そうすることで、グループ内での交流が活性化していきます。

4　対戦型ゲームをしよう［トレーニング型］

五色百人一首やチョキの女王（参考文献）などの対戦型の遊びをすると、様々な友達と次第にコミュニケーションを取ることできます。勝ち負けのほかに友達の良さを見つけてみましょう。

［参考］右記 QR コードに、対戦型の様々な遊びの例を記してあります。こちらを子どもたちに提示して、遊びを選択させるのもよいでしょう。

5　全員遊びをしよう［トレーニング型］［ふりかえり型］

学級会で採用されたゲームを初めて行った際に、ワークシートで振り返りをさせてみましょう。学級会で決まった遊びを実際に行うことにより、今後も全員の仲がさらに深まるような遊びを追究していくでしょう。

〈参考文献〉山本東矢の仲間づくり学級ゲーム 50 ／山本東矢／学芸みらい社／ 2019 年

友達の良いところを見つけよう

年　　組　　番　氏名（　　　　　　　　　　　　）

1．友達の良いところを見つけて書き出してみましょう。

友達の名前	良いところ
〈例〉太郎さん	〈例〉いつもだれにでも明るくあいさつしています。

2．これからもクラスの友達と、どのようなことをがんばりたいですか。

……………………………………………………………………

……………………………………………………………………

連休の思い出を発表しよう

年　　組　　番　氏名（　　　　　　　　　　　　）

1．連休中の出来事を書いてみよう。

⑴～⑷を書いて、学級のみんなで発表し合いましょう。
（どうしても書けない場合は、「こうだったらなあ」という空想でも OK です。）

⑴連休中に行った場所はどこですか。

……………………………………………………………

⑵連休中に食べた一番おいしい食べ物は何ですか。

……………………………………………………………

⑶連休中に得（とく）をしたこと（または損（そん）をしたこと）は何ですか。

……………………………………………………………

⑷連休中に「一番思い出に残った出来事」は何ですか。

……………………………………………………………

2．発表を聞いてみて、次に連休があったときには、どんなところに行き、どんなことをしてみたいと思いましたか。

……………………………………………………………

……………………………………………………………

……………………………………………………………

さいころトーキングをしよう

年　　組　　番　氏名（　　　　　　　　　　　）

1．さいころを振って、「出た目」について話します。

グループで何度も話をします。同じ内容のときには、もう一度サイコロを振ってもいいです。

★レベル1（自分に関すること）

1	自分が好きな食べ物
2	得意（とく）な教科
3	自分の良くない「習慣」や「くせ」
4	得意なこと・趣味（しゅ）
5	自分を動物に例えると……
6	なんでもOK（習い事、最近がんばっていることなど）

★★レベル2（もしも○○なら・・・）

1	ドラえもんの道具を1つだけもらえるなら、何がいい
2	どこにでも旅行に行けるなら、どこに行きたい
3	お金がたくさんあったら、何がほしい
4	どんな職業（しょく）にでもなれるなら、何になりたい
5	生まれ変わるなら、何になりたい
6	好きな給食が出るなら、どんなメニューにしたい

2．今回友達と話をして、新しく発見できたことを書きましょう。

対戦型ゲームをしよう

年　　組　　番　氏名（　　　　　　　　　　）

1．クラスの人と対戦して、仲良くなろう！

対戦者	対戦内容	勝敗（勝ち◎負け△）
〈例〉太郎さん	あっちむいてホイ	◎

2．今日の感想を書きましょう。

3．今後、どのような遊びをすると、クラスの仲が深まりそうですか。

全員遊びをしよう

年　　　組　　　番　氏名（　　　　　　　　　　　　）

1．クラス全員で、何の遊びをしますか。学級会などで決めて書きましょう。

今回の遊びは、（　　　　　　　　　　　　　）

2．今回の遊びを通して、クラスの仲はどれだけ深まりましたか。
数字のところに○をつけましょう。

0　1　2　3　4　5　6　7　8　9　10

まだまだこれから ◀------------------------▶ すごく深まった

3．今回の遊びの感想を書きましょう。

……………………………………………………………………

……………………………………………………………………

……………………………………………………………………

4．次の全員遊びの時に、この遊びならもっと盛り上がる、仲良くなる、という遊びをいくつか書いてみましょう。
（遊びの名前ではなく、「こういう遊びをしてみたい」という意見でも良いです）

……………………………………………………………………

……………………………………………………………………

……………………………………………………………………

5年生 6月 学級の結びつきが強くなるワークシート

〈6月の学級経営とシート活用ポイント〉

6月は学級の中でトラブルが起き始める時期です。友達との生活に慣れてくる一方で、自然とわがままを言ってしまったり、相手の気持ちを考えることを忘れてしまったりします。また梅雨に入るため、日光をあびることが比較的少なくなり、脳内の「セロトニン」が減ってしまう季節でもあります。こういった時期だからこそルールを振り返ったり、学級遊びを通したりして、みんなと一緒にいる楽しさを味わうことが大切となってきます。

1　学級の良いところをのばそう［表明型・周知型］

このワークシートでは、まず学級の良さを振り返ります。そのことが自分達がすごしてきた2か月間に自信を持つことにつながります。さらに良くなるための「レベルアップ」を考えさせることで、新たな目標に向かって前向きな気持ちを持たせます。

Jamboardで「学級の良いところ」を皆で集めると、考えづらい子もヒントを得ることができます。

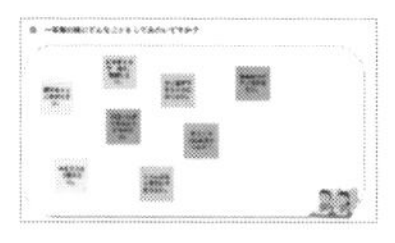

2　学校や学級のルールをもう一度確認しよう［ふりかえり型］

この時期にもう一度ルールを振り返っておくことは重要です。だんだんと慣れて我が出てくると勝手にルールをやぶったり作ったりする児童も出てきます。ここでは場面ごとにルールを確認し、「なぜそのルールが必要なのか」という理由も振り返らせていきたいです。

3　学級遊びを企画しよう［思考型・模索型］

話し合いでは児童自ら意見を出し合い、それを集約していくこと、または根拠をもとにして取捨選択することが大切になってきます。このワークシートではクラゲチャートを用いて、「どの遊びがどんな理由」でよいと思うのかを明確にし、話合いへとつなげていきます。

4　学級遊びをふりかえろう［ふりかえり型］

活動をしたまま終わるのではなく、振り返ることで成果や課題を意識することが大切になってきます。ここでは「自分の良かったところ」、「友達の良かったところ」、「課題」の3つの観点で振り返り、それを踏まえて次回工夫したいところを考えさせます。意識しながら活動を積み重ねていけることが大切です。

5　水泳の目標を立てよう［目標設定型］

このワークシートでは「水泳ルーブリック」を作成していきます。目指す目標がはっきりしたら、そこにたどり着くまでの過程を細分化して考え、一つ一つの課題解決をチェックします。ポイントを意識したり達成感を感じたりすることができます。

2．水泳レベル表を作りましょう。
「1」の目標を達成するまでに一番簡単にできそうなことは「レベル1」、
次にできそうなものを「レベル2」……と書いていきましょう。

レベル1	〈例〉けのびで5m泳ぐ。	
レベル2		
レベル3		

〈参考文献〉「思考ツールの授業」／田村学・黒上晴天／小学館／2013年

学級の良いところをのばそう

年　　　組　　　番　氏名（　　　　　　　　　　　　　　）

Ｉ．学級の良いところを３つあげてみましょう。（友達と話し合っても良いです）

⑴
⑵
⑶

2、「良いところレベルアップ表」を作ろう！

①見つけた学級の良いところ⑴から⑶が、「レベルＩ」です。

②「レベル２」にするために、何ができるか考えましょう。

③「レベル３」にするために、何ができるか考えましょう。

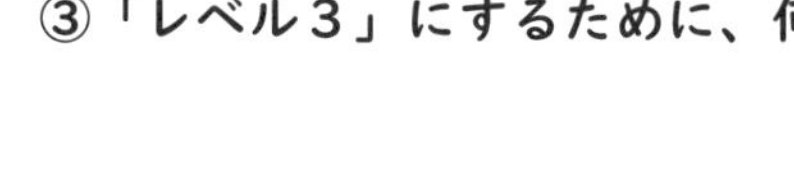

レベルＩ	レベル２	レベル３
〈例〉朝のあいさつをする。	〈例〉笑顔であいさつをする。	〈例〉地域の人にあいさつをする。
⑴		
⑵		
⑶		

学校や学級のルールをもう一度確認しよう

年　　組　　番　氏名（　　　　　　　　　　）

1．授業中で、一番大切だと思うルールを書いてみましょう。

ルール

なぜ、そのルールが必要なのでしょう。

2．生活の中で、一番大切だと思うルールを書いてみましょう。

ルール

なぜ、そのルールが必要なのでしょう。

3．（　　　　　　）で、一番大切だと思うルールを書いてみましょう。

ルール

なぜ、そのルールが必要なのでしょう。

4．友達と発表し合って、気がついたことを書いてみましょう。

学級遊びを企画しよう

年　　組　　番　氏名（　　　　　　　　　　　　）

1．どんな「学級遊び」にしますか。話合いで出てきた意見を書きましょう。

・	・
・	・
・	・
・	・
・	・

2．どの「遊び」が一番良いと思いますか。理由も書きましょう。

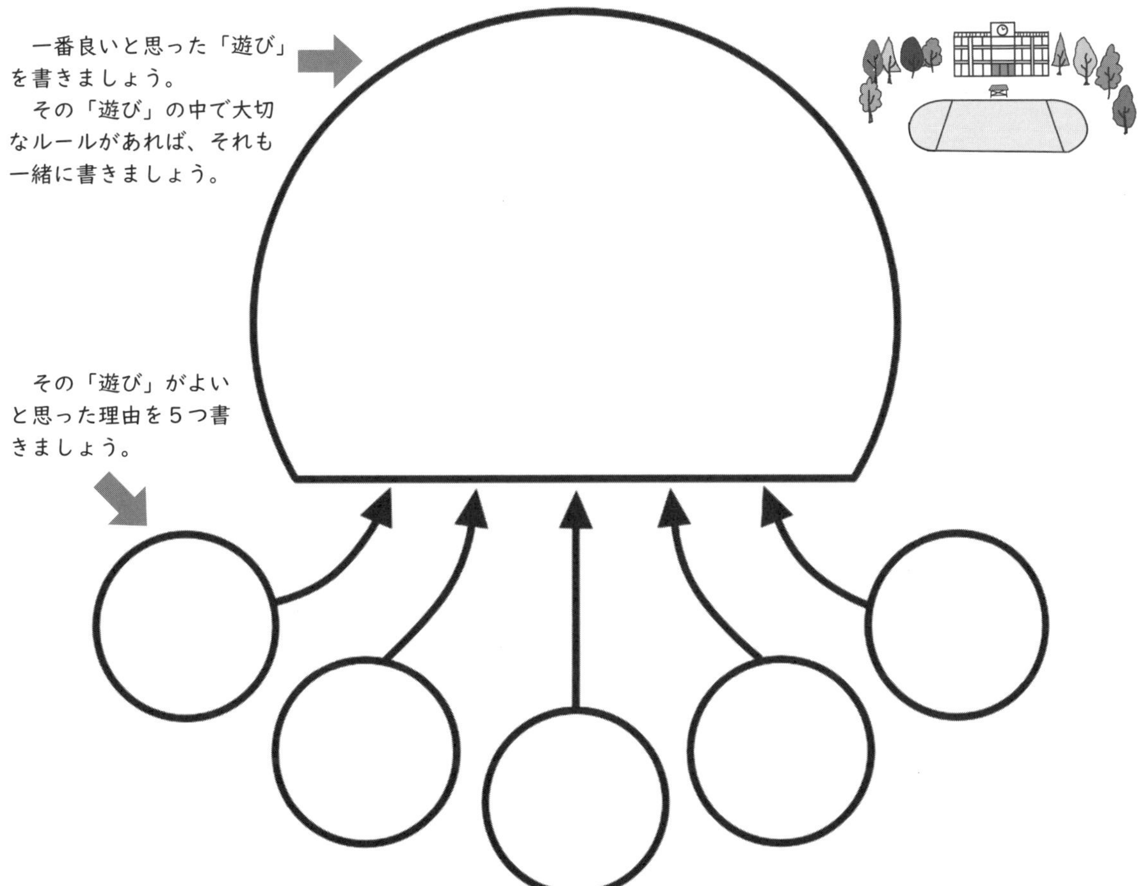

学級遊びをふりかえろう

年　　組　　番　氏名（　　　　　　　　　　）

1．学級遊びをして、自分の良かったところ、友達の良かったところ、課題だと思ったことを書きましょう。

自分の良かったところ

友達の良かったところ

課題（「こうすれば良かった」と思うこと）

2．次につなげましょう

次に「学級遊び」をするときに、工夫したいことを２つ書きましょう。

①

②

水泳の目標を立てよう

年　　　組　　　番　氏名（　　　　　　　　　　　　　　　　　）

1．水泳の目標を決めましょう。（自分の中で目標とすることを書きましょう）

〈例〉クロールで 25 ｍを泳ぐ。

2．水泳レベル表を作りましょう。

「1」の目標を達成するまでに一番簡単にできそうなことは「レベル1」、次にできそうなものを「レベル2」……と書いていきましょう。

レベル1	〈例〉けのびで５ｍ泳ぐ。	
レベル2		
レベル3		
レベル4		
レベル5	〈例〉クロールで 25 ｍを泳ぐ。	

達成できたものには○をつけましょう。↑

5年生 7月 成長が実感できるワークシート

〈7月の学級経営とシート活用ポイント〉

１学期の最終月。学級の子供たちは、新たな人間関係の中で様々な経験をしてきました。また、高学年として１～４年生の面倒を見ることも期待される立場になり、学校行事などで活躍する場面も増えています。しかし、成長を実感できる場面が多かった反面、４年生までには、考えたこともなかったような悩みも出てきます。そんな悩みを少しでも和らげ、自分が確実に成長していることを感じさせたい時期です。

1　思春期の特徴を知ろう［トレーニング型］

思春期の特徴を知り、自分に起きている体や心の変化を肯定的に捉え、今後、どのように生活していくのかを考えさせるきっかけとなります。

［留意点］心（気持ち）の変化は言葉にできますが、体の変化は言葉にしづらいものです。体の変化についてはあまりふれず、保健の授業等で深く扱うと良いでしょう。

2　暑さに負けない生活を送ろう［目標設定型・トレーニング型］

暑い日が続いている時期です。そのために、生活が乱れたり体調を崩したりしがちな児童も見られます。生活を見直しさせ、自分で「暑さ対策」が取れるようにしましょう。

［主な指導事項］前半は自分でできる「暑さ対策」について考えます。後半は、熱中症の対応策について調べることで、身近にある危険から身を守る方法を知ります。

3　１学期の学習をふりかえろう［ふりかえり型］

４月から７月までの４か月間を思い出し、自分が頑張った学習を振り返る時間を取りましょう。７月は忙しい時期ですが、この振り返りを行うと、児童の自己肯定感を高め、次の学期のやる気につながります。

4　自分の成長を知ろう［ふりかえり型］

「3」と同じように非常に大切な振り返りです。４年生までの自分と比べ、成長したこと（できたこと）に目を向けさせることで、さらに自己肯定感を高めることができます。

［留意点］学級の仲間やお家の人からコメントをもらうことがポイントです。周りから認めてもらうことで、児童はさらに自信を深めることができます。

5　夏休みの目標を立てよう［目標設定型・トレーニング型］

夏休みの課題（宿題）は、児童にとって、とてつもなく大きな問題です。そして、誰もが「早く終わらせたい！」という願いをもっています。そのために重要なのは、課題を終える日を決めるのでなく、始める日を決めることです。早く始められれば、終わりも早くなります。ぜひ学級全体で取り組ませたいですね。また、お手伝いをしたら「○印」を塗らせることで、意欲を高められるようになっています。

思春期(ししゅんき)の特徴(とくちょう)を知ろう

年　　　組　　　番　氏名（　　　　　　　　　　　　　　　　　）

1．思春期とは、心も体も子どもから大人に変化する時期のことです。
自分に当てはまることを選んで、〇で囲みましょう。

①周りから自分がどう思われているか気になる　②考えこむことが増えた

③勉強のことで悩(なや)むことが増えた　④体のことで悩(なや)むことが増えた

⑤イライラすることが多くなった　⑥その他

2．「1」の6つの項目から一つ選び、自分だったらそのことについて「何といってあげるか」「どう行動してあげるか」を書いてみましょう。

〈例〉［選んだ項目　②］　ぼくだったら、まずは話を聞きます。聞くことで、……。

［選んだ項目　　　　　　　］

3．班やグループなどで「2」の意見を発表・共有し、感想を書きましょう。

〈例〉〇〇さんのアドバイスがとても良いと思いました。なぜなら……。

暑さに負けない生活を送ろう

年　　組　　番　氏名（　　　　　　　　　　）

1．暑い日が続いています。自分の暑さ対策ベスト3を書きましょう。

①

②

③

2．友達の暑さ対策を聞き、真似(まね)したいと思ったことを書きましょう。

3．友達や家の人が「熱中症(ねっちゅうしょう)」になることも考えられます。初期症状(しょきしょうじょう)の場合、どのように対応しますか。タブレット等で調べて書きましょう。

［熱中症の初期症状］・気分が悪い・頭が痛い・筋(きん)肉が痛い・はき気がする　など

〈例〉クーラーの効いた室内に移動させる、など

学期の学習をふりかえろう

年　　組　　番　氏名（　　　　　　　　　　　　）

1．1学期に特にがんばった教科ベスト3を書きましょう。

①

②

③

国語　外国語　社会　理科　図画工作　家庭　音楽　習字　体育　算数　道徳

2．「1」で挙(あ)げた3つの教科で、がんばったこと・できるようになったことを書きましょう。

①の教科

②の教科

③の教科

3．学級の仲間から「がんばったねコメント」を書いてもらいましょう。

〈例〉国語の暗唱を家でも練習したのはすごい。がんばったね！

自分の成長を知ろう

年　　組　　番　氏名（　　　　　　　　　　　　）

1．今学期、自分が前の学年（学期）よりも成長できたことを書きましょう。

〈例〉今までは～だったけれど、～するように（できるように）なった。

学習面

生活面

2．クラスの人やお家の人からコメントをもらおう。

クラス

（　　　　）さん

クラス

（　　　　）さん

お家の人

（　　　　）さん

夏休みの目標を立てよう

年　　組　　番　氏名（　　　　　　　　　　）

1．夏休みの課題について、予定を立てましょう。

〈例〉おさらい帳	始める予定日	7月26日（火）
	実際に始めた日	8月　1日（月）
	始める予定日	月　日（　）
	実際に始めた日	月　日（　）
	始める予定日	月　日（　）
	実際に始めた日	月　日（　）
	始める予定日	月　日（　）
	実際に始めた日	月　日（　）
	始める予定日	月　日（　）
	実際に始めた日	月　日（　）
	始める予定日	月　日（　）
	実際に始めた日	月　日（　）

早めに始めることで、終わりも早まります。計画的にがんばりましょう！

2．お手伝いに挑戦しましょう。（下に、新たにやってみるお手伝いを1つ書きましょう）

〈例〉夕食後の皿洗い

1回やったら、1つ〇をぬりましょう。（10回やったら大人レベル。20回以上はプロレベルです）

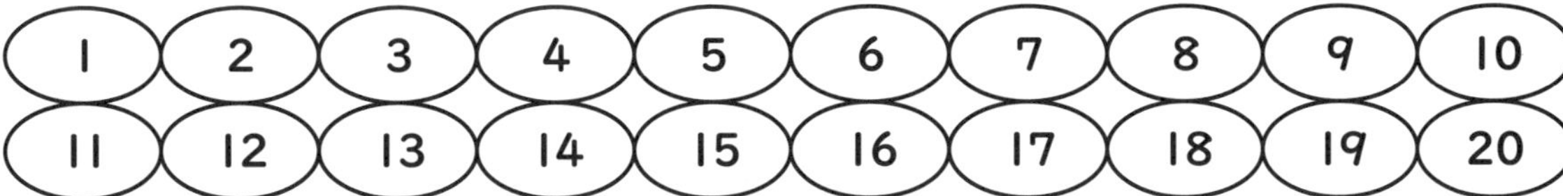

教師ページ

5年生

9月

夏休み明けの生活が充実するワークシート 防災への意識が高まるワークシート

〈9月の学級経営とシート活用ポイント〉

長い夏休みが終わり、２学期が始まります。長期休みで子供たちの学習習慣が途切れていることが多いです。夏休みの思い出を交流させるとともに、２学期の目標を定めさせ、夏休み明けの生活を充実させます。特に２学期は運動会など大きな行事があるので、そこに向けた目標を設定すると良いでしょう。また、学期初めは避難訓練が行われることが多いので、高学年として防災の意識を高めることも必要です。

1　夏休みの思い出を発表しよう［表明型・周知型］［思考型・模索型］

子供たちは夏休みに普段とは違った体験をしています。その振り返りを通して夏休みに一区切りをつけさせるとともに、友達との交流のきっかけとします。

［留意点］子供によっては、特別な思い出がない場合もあります。日常生活の中の「ちょっと楽しかった体験」でも良いこと、そうしたことを見つけられる方が幸せであることを話すと良いでしょう。

2　２学期の目標を立てよう［目標設定型］［ふりかえり型］

１学期に順調に過ごせた子供も、そうでない子供も、夏休み明けは再スタートの時期です。２学期の目標を設定し､新しい気持ちで学習にのぞめるようにしましょう。

［留意点］目標は人に宣言した方が達成しやすくなります。友だちからの励ましのコメントを書かせ、教室に掲示すると良いでしょう。

3　夏休み明けの生活をチェックしよう［ふりかえり型］

長い夏休みの中で、子どもたちの生活リズムが大きく乱れていることが予想できます。日々の生活は学習の土台です。子供たちに自分の生活をチェックさせ、自分で整えられるようにしましょう。

4　避難訓練をふりかえろう［ふりかえり型］［表明型・周知型］

９月１日は防災の日です。この時期に合わせて、避難訓練をする学校も多いでしょう。避難訓練で使われる合言葉（おはしも・おかしも、など）を再確認するとともに、緊急の場面でどのように行動するのが良いのかを考えさせましょう。

**［主な指示等］今回の訓練で気をつけることを、箇条書きでたくさん書きましょう。
今回は 10 点満点の何点でしたか。点数とその理由を書きましょう。**

5　運動会を盛り上げよう［目標設定型］［トレーニング型］

２学期は運動会などの大きな行事のある時期です。運動会ではスローガンを決めることもあるでしょう。クラスのスローガンを決めるとともに、それを達成するとどんなクラスになるのか、行事を通してどんなクラスにしたいかを考えさせます。

夏休みの思い出を発表しよう

年　　組　　番　氏名（　　　　　　　　　　　　）

1．夏休みの思い出ベスト３を書きましょう。

①

②

③

2．ベスト３から１つ選んで、発表する原稿(げんこう)を書きましょう。

いつ、どこで、だれと、なにを、どうした、など

3．発表する練習をしましょう。１回練習したら、１つ〇をぬりましょう。

レベル１　レベル２　レベル３　レベル４　レベル５

〇〇〇 | 〇〇 | 〇〇〇〇〇 | 〇〇〇〇〇 | 〇〇〇〇〇 |

4．自分の発表のふり返りを書きましょう。

学期の目標を立てよう

年　　　組　　　番　氏名（　　　　　　　　　　　　）

1．今学期の目標を、箇条書きでたくさん書きましょう。（学習面、生活面）

①

②

③

2．友達と交流して、自分もできるようになりたいと思ったことを、「1」に書きたしましょう。

3．今学期の目標ベスト3を書きましょう。

①

②

③

4．友達から応援のコメントを書いてもらいましょう。

夏休み明けの生活をチェックしよう

年　　　組　　　番　氏名（　　　　　　　　　　　　）

1．夏休み明け、学校でがんばりたいことを書きましょう。

2．夏休み明け、家でがんばりたいことを書きましょう。

3．毎日するものをそれぞれ３つ決めて、１週間○×チェックをしましょう。

	毎日するもの	／	／	／	／	／	／	／
学校	①							
	②							
	③							
家	①							
	②							
	③							

避難訓練をふりかえろう

年　組　番　氏名（　　　　　　　　）

1．避難訓練の合言葉を書きましょう。

2．今回の避難訓練は、何を想定していますか。丸で囲みましょう。

地震・火災・不審者・水害・その他（　　　　　）

3．今回の訓練で気をつけることを、箇条書きで3つ書きましょう。

①

②

③

4．今回は10点満点の何点でしたか。点数とその理由を書きましょう。

点数　　理由

運動会を盛り上げよう

年　　　組　　　番　氏名（　　　　　　　　　　　　　　）

1．クラスのスローガンを考えましょう。

◆自分の意見

◆決まった意見

2．そのスローガンが達成できたら、どんなクラスになるかを書きましょう。

3．スローガンを達成するために、自分がすることを3つ書きましょう。

①

②

③

5年生 10月 学級の文化が深まるワークシート

〈10月の学級経営とシート活用ポイント〉

秋は運動会や学習発表会などさまざまな行事があります。行事にむけて学級が一丸となる一方で、ほころびが生まれやすい時期でもあります。そうならないためにも、一日の中で読書をゆっくり行う時間を確保したり、外で体を動かす時間をとったりするなど、活動にメリハリをつけることが大切です。学級の文化をさらに充実させ、より良い学級づくりにつなげましょう。

1　読書をさらに楽しもう［目標設定型］

あまり本を読まない子、興味のある本が限定している子を主な対象として、読書にさらに取り組ませたいものです。表は、日本十進分類表をもとに作成したため、国語の授業とも関連させながら進めていくことができます。

2　学級のお楽しみ会を企画しよう［思考型・模索型］

お楽しみ会を自分達で企画し、楽しい思い出を作り、児童に成功体験を味わわせたいものです。「お楽しみ会の振り返り」を同じシート上に示すことで、お楽しみ会での良い姿を示し、未然にトラブルを防ぎます。

3　運動ビンゴに挑戦しよう［目標設定型］

休み時間は室内で過ごすことが多い児童を対象としています。ビンゴを達成した日付を書かせることで、より多くのビンゴを達成することをねらいとしています。

［留意点］「クラスのみんなと」の空欄には、体育の時間に行った運動を書かせることで、全員が１つ達成した状態から始めることができます。

4　協力型ゲームをしよう［トレーニング型］

レベル１は個人、レベル２はペア、レベル３はグループと段階を踏んでいます。また、レベル１ではルールを知り、ルールが分かった状態でレベル２に入ることでスムーズに行うことができます。また、付箋を「お金」と呼ぶとより盛り上がります。ゲームを行う中で、「自分から誘った人」「ペアの友達を応援している人」「負けても笑顔でいる人」「ミスをした人を励ましている人」など教師が見取り、全体で価値付けを行います。レベル３では時間をより早くするための作戦会議などを設けます。

5　チャレランに挑戦しよう［トレーニング型］

数あるチャレランの中から、準備物がほとんど必要のない２種類を掲載しました。『チャレランあそびの大百科』（TOSS オリジナル教材）を参考にしてください。

［留意点］かみちぎりのばしチャレランでは、はじめにグループで予選を行います。その後、グループから１人決勝に進出させます。決勝戦ではその１人をグループのみんなで応援させると大変盛り上がります。

読書をさらに楽しもう

年　　組　　番　氏名（　　　　　　　　　　　　）

1．枠(わく)の中に読んだ本の題名を書きましょう。

0 総(そう)記・百科事典など	1 哲(てつ)学・道徳(どうとく)・宗教(しゅうきょう)	2 歴史・地理・伝記
3　4 社会科学・自然科学	5 技術・工業・家庭	6 産業・交通・通信
7 芸術・体育	8 言語	9 文学

2．一番おもしろかった本を紹介(しょうかい)しましょう。

分類番号	著者	題名

おもしろかった本のキャッチフレーズを考え、ポップを作ってみましょう。

〈例〉

人間って、こんな
生き物なんだ！

『吾輩(わがはい)は猫(ねこ)である』
夏目漱石(なつめそうせき)

クラスのお楽しみ会を企画しよう

年　　　組　　　番　氏名（　　　　　　　　　　　　　）

1. お楽しみ会をするために、①から⑥を考えて書きましょう。

①いつ（　　月　　日　　時間目）　②どこで（　　　　　　　　　）

③何をするか（　　　　　　　　　　　　　　　　　　）

④みんなが楽しめるようにするための工夫

⑤準備(じゅんび)物や先生に用意してほしいもの　⑥役割分担(やくわりぶんたん)

2. お楽しみ会をふりかえります。自分が思う点数に色をぬりましょう。

①クラスのみんなが楽しんでいたかどうか。

1点				5点					10点

②クラスのみんなで協力できたかどうか。

1点				5点					10点

③みんなのためにがんばっていた友達を紹介(しょうかい)しよう。

（　　　　　　　　　　）さん

運動ビンゴに挑戦しよう

年　　　組　　　番　氏名（　　　　　　　　　　　　　）

１．書いてある運動ができたら、色をぬったり◯を付けたりしましょう。
（　　）には、友達やクラスのみんなとやってみたい運動を書きましょう。

鉄棒	なわとび	ランニング
おにごっこ	校庭の散歩	長縄
友達と（　　　　）	ボール運動	クラスのみんなと（　　　　）

★ビンゴを達成した日付を書きましょう。

１ビンゴ：　　月　　日　　２ビンゴ：　　月　　日

３ビンゴ：　　月　　日　　４ビンゴ：　　月　　日

２．運動をした感想を書きましょう。

協力型ゲームをしよう

年　　　組　　　番　氏名（　　　　　　　　　　　　　　）

クラスのみんなとルールを確認し、３つのゲームをやってみましょう。

レベル１　じゃんけんゲーム

① 先生からふせんを３枚ずつ受け取ります。
② 席をはなれ、色々な人とじゃんけんをします。
③ 勝ったら、ふせんを１枚もらえます。
④ 最終的にふせんの数が最も多い人が勝ちです。
⑤ ふせんが全部なくなったら先生からもらえます（２枚渡します）。

１回目の記録：　　　　　枚　　２回目の記録：　　　　　枚

レベル２　ペアじゃんけんゲーム

① ペアを作ります。ペアで６枚の付せんを持ちます。
② ペアのうち１人は先方、もう１人が大将となります。
③ 最初は先方同士がじゃんけんをします。
④ 次に負けたペアは、大将がじゃんけんをします。
⑤ 大将も負けてしまった方が、ふせんを１枚相手に渡します。
⑥ さまざまなペアと対決します。

１回目の記録：　　　　　枚　　２回目の記録：　　　　　枚

レベル３　インパルスゲーム

① 10人程度のグループを作り、リーダーを１人決めます。
② グループで円になり、手をつなぎます。
③ 先生の「スタート」の合図でリーダーが右手をにぎります。
④ リーダーが手をにぎったら右隣（どなり）の人、さらにその右側の人と続けます。
⑤ 一周したらリーダーが「キター！」とさけび、全員で座（すわ）ります。
⑥ 早く座れたチームの勝ちです。

１回目の記録：　　　　　秒　　２回目の記録：　　　　　秒

チャレンジに挑戦しよう

年　　組　　番　氏名（　　　　　　　　　　）

1．チャレランに挑戦して、記録を書きましょう。

①「の」の字さがしチャレラン

1回目の記録	2回目の記録	クラスの最高記録

②かみちぎりのばしチャレラン

1回目の記録	2回目の記録	クラスの最高記録

2．他の種目について調べ、挑戦しましょう。

チャレランの名前	1回目の記録	2回目の記録

チャレランの名前	1回目の記録	2回目の記録

3．チャレランをやった感想を書きましょう。

5年生
11月

行事が成功するワークシート

〈11月の学級経営とシート活用ポイント〉

秋には、工場見学などの校外学習や運動会、学習発表会といった学校行事が行われる学校も多いのではないでしょうか。校外学習や学校行事は、当日だけが大切なのではありません。事前指導や事後指導を効果的に行うことで、児童の成長を促し、学習意欲を高めたり、日常生活の質的向上を実現したりすることができるでしょう。

1　校外学習で学びたいことを考えよう［目標設定型］［思考型・模索型］

校外学習の「事前学習」では、見学する視点を児童に持たせることが大切です。「疑問（学びたいこと）」を整理させ、その疑問に対する「仮説」を立てさせます。

［主な指示等］「校外学習で学びたいことをワークシートに箇条書きにします。」「予想は、文末が『～しているはずだ。』となるように書きます。」

2　行事でがんばれることを考えよう［目標設定型］［表明型・周知型］

行事の事前指導では、「なぜ、その行事を行うのか」という目的を語りましょう。その上で、児童に行事の目標を立てさせたり、行事後にどのように成長しているかを想像させたりします。

［主な指示等］「学校行事が成功したかどうかは、行事が終わった後の生活の中に表れます。あなたは、どのような自分に成長したいですか。2に書きましょう。」

3　他学年のがんばりに目を向けよう［ふりかえり型］［表明型・周知型］

行事では、自分たちの学年のみならず、他学年の良さや頑張りへも目を向けさせたいものです。キリトリ線で切り取って、学年ごとに冊子にまとめたり、模造紙に貼り付けたりして贈ると、学校全体の交流にもつながるでしょう。

4　行事をふりかえろう［ふりかえり型］［表明型・周知型］

行事の後には、自分自身についてふりかえらせたり、友達の良さや頑張りに目を向けさせたりすることが大切です。ワークシート「2　行事でがんばりたいことを考えよう」と関連させて使用すると効果的でしょう。

5　行事の感動を川柳であらわそう［ふりかえり型］［表明型・周知型］

川柳を児童に考えさせる前に、いくつか作品例を示すとよいでしょう。児童に、活動のイメージを持たせることができます。川柳は、五七五と文字数が少ないので、児童の作品を学級通信等で紹介することにも適しています。

［説明］「出来事の感動を『五音・七音・五音』の短い言葉であらわしたものを川柳といいます。」

〈参考文献〉長谷川博之の「成功する生徒指導」の原則／長谷川博之／学芸みらい社／2020年

校外学習で学びたいことを考えよう

年　　　組　　　番　氏名（　　　　　　　　　　　　　　　）

1．校外学習の見学先の名前を書こう

2．見学先で学びたいことを箇条（かじょう）書きにしよう

〈例〉「どうして＿＿は、＿＿なのだろう。」「どのようにして＿＿は、＿＿しているのだろう。」

①

②

③

④

⑤

3．友達の学びたいことをメモに取ろう

4．学びたいことを２つ選んで、その答えの予想を書こう

学びたいこと		
予想		

〈予想の例〉「＿＿＿が、＿＿＿しているはずだ。」

行事でがんばれることを考えよう

年　　組　　番　氏名（　　　　　　　　）

＿＿月＿＿日（＿＿）

行事の名前

のめあて

1．行事で、「これはがんばれる」と思うことを箇条(かじょう)書きにしましょう。

①

②

③

④

⑤

2．行事が終わった後の「自分の成長した姿」を想像して書きましょう。

〈例〉「今までよりも積極的にいろいろなことに挑戦する。」

「クラスの友達の気持ちを考えて行動する。」

3．友達からの応援(えん)メッセージをもらいましょう。

＿＿＿＿より

＿＿＿＿より

＿＿＿＿より

＿＿＿＿より

他学年のがんばりに目を向けよう

年　　　組　　　番　氏名（　　　　　　　　　　）

1．どんな手紙を書くとよいか考えましょう。

太郎くんは、１年生の音楽発表会の感想を手紙に書きました。どのような工夫があるか考えましょう。

１年生さんへ

１年生のみなさんは、とてもげんきがよくて、あかるいうたごえでした。ぼくは、そんな１年生のみなさんのうたをきいて、とてもたのしいきもちになりました。はじめてのけんばんハーモニカのえんそうもとてもじょうずでした。ありがとうございました。

５年１組　山田（やまだ）　太郎（たろう）より

どんな工夫があったかな？

手紙には、様子をくわしく書こう。
もらった相手が、うれしい気持ちになるよ。

2．他の学年のがんばった姿（すがた）を見て感動したことを手紙にあらわしましょう。

キリトリ

年生さんへ

＿＿年＿＿組＿＿＿＿＿＿より

行事をふりかえろう

年　　組　　番　氏名（　　　　　　　　　　　　）

＿＿月＿＿日（＿＿）　行事の名前 [　　　　　　] のふりかえり

Ｉ．行事の満足度 ※色をぬりましょう。

50%　　100%

２．行事でがんばったことや、楽しかったことを文章で書きましょう。

３．かがやいていた友達をしょうかいしましょう。

（　　　　　）さん　　（　　　　　）さん　　（　　　　　）さん

４．行事で学んだことをどのような場面で生かしたいか考えましょう。

生かしたい場面	
具体的な姿	

行事の感動を川柳であらわそう

年　　組　　番　氏名（　　　　　　　　　　　　）

＿＿月＿＿日（＿＿）

行事の名前

の川柳（せんりゅう）

1．行事で最も感動したことを川柳（五七五）であらわしましょう。

行事のイラストや写真

行事の川柳

2．川柳にあらわした場面について、詳（くわ）しく説明しましょう。

5年生 12月 健康と安全への意識が高まるワークシート

〈12月の学級経営とシート活用ポイント〉

風邪やインフルエンザなどがはやるため、子供たちの「健康増進や病気（感染症）の予防への意識」を高めたい時期です。また、地域によっては、雪が降り、登下校の安全確保がより大事になります。登下校の様子を振り返らせ、適切な歩行などを確認させると良いでしょう。年末年始に向けて、大掃除にも意識を向けさせましょう。

1　病気の予防について考えよう［思考型・検討型］

どうすれば病気（感染症）が予防できるかなど、子供が自ら気づける仕組みが必要です。「調べ学習をする　→　考える　→　自分の生活に生かす」という流れで進めます。保健体育などの授業でも使えるワークシートです。

［主な指示等］　項目１の前「冬に流行する病気は何ですか。指名なしで発言してごらんなさい」項目２の前「今書いた病気を予防することを、何の教科で学びましたか」

2　学校や家でできる運動をしよう［思考型・検討型］

運動不足になりがちなこの時期に、学校や家で簡単に取り組める運動を取り入れます。運動不足の悪影響を考えたり調べたりし、どのような運動をすれば良いか自ら考えることで、運動の習慣形成も期待できます。

3　掃除で校舎をきれいにしよう［思考型・検討型］［目標設定型］

校内で大掃除に取り組む学校も多いでしょう。普段掃除しない場所にも目を向けさせたり、自作した掃除用具（たとえば窓のサッシをきれいにする「ティッシュペーパー付き割りばし」）などを使わせたりして、積極的に掃除に取り組めるようにします。

4　登下校の様子をふりかえろう［ふりかえり型］

一年間を通じて使えるワークシートです。特に冬は雪が降ったり、寒くなったりするので、登下校時の安全確保がしっかりできるよう、意識を高めたいところです。また、自分のみならず、下学年の安全を考えて登下校ができる高学年らしい姿を目指させます。

［留意点］「１」には、普段どのように登下校しているかチェックする項目があります。⑻は、たとえば「通学路を守って登下校している」などのように、子どもの実態に合わせた項目を作ると良いでしょう。

5　冬休みの目標を立てよう［目標設定型］［表明型・周知型］

何かと行事のある冬休みです。また、普段とは一味違ったことが体験できる休みです。学習（宿題）や生活だけではなく、様々な体験について目標を立てさせることで、冬休みが充実したものになるでしょう。

〈参考文献〉わたしの健康【小学生用】／文部科学省／2021年
https://www.mext.go.jp/content/20210409-mxt_kenshoku-100000610-1.pdf

病気の予防について考えよう

年　　　組　　　番　氏名（　　　　　　　　　　　　）

1．小学生がかかりやすい病気を調べましょう。

今まで自分や友達がかかったことのある病気の「病名」と「症状（しょうじょう）」と「病気の原因（げんいん）」について調べ学習をしましょう。

病名	症状	病気の原因

2．病気を予防する方法を考えましょう。

「1」で調べた病気について、予防するためには何をしたら良いでしょうか。「行動」と「環境（かんきょう）」の2つについて、考えたり、調べたり、友達と相談したりしてみましょう。

病気を予防する**行動**	病気を予防する**環境**
〈例〉うがいをする。	〈例〉すごしやすい部屋の温度。

3．病気を予防するために取り組むことを書きましょう。

これから＿＿＿週間、

に取り組みます。

学校や家でできる運動をしよう

年　　組　　番　氏名（　　　　　　　　　　　　）

１．運動する時間をふりかえりましょう。

毎日、「汗（あせ）をかく運動」をどのくらいしていますか。休み時間で体を動かしたり、習い事で運動したりする時間などを合わせて計算しましょう。

１日前	２日前	３日前	合計	平均
分	分	分	分	分

平均の時間は合計の時間を３でわります。

２．運動不足の「悪影響（えいきょう）」を調べましょう。

運動不足だと、体にどんな悪いことが起きるでしょうか。友達と相談したり、調べたりしましょう。

３．今後、どんな運動をするか考えましょう。

どこで、どんな運動を、どのくらいしていきたいですか。取り組めそうなことを自由に考えてみましょう（汗をかくほど体を動かす運動が良いとされています）。

	どこで（場所）	どんな運動（運動の種類）	どのくらい（時間）
例	校庭	ウォーキング	休み時間の 15 分間

↑さっそく今日から取り組むものに○印をつけましょう。

掃除で学校をきれいにしよう

年　　　組　　　番　氏名（　　　　　　　　　　　　　　）

1．普段の掃除をふりかえりましょう。

いつもの掃除場所（教室など）で、行っている掃除（雑巾がけなど）と行っていない掃除があるはずです。それぞれ書いてみましょう。

掃除場所	行っている掃除	行っていない掃除
〈例〉ろうか	ほうきで掃く 床の雑巾がけ ⋮	掲示板の上のほこりを取る 窓のよごれを取る ⋮

2．「普段行っていない掃除」に挑戦しましょう。

「1」で書いた「行っていない掃除」をしてみましょう。その掃除のために、どんな用具が必要ですか。下の四角に書いてみましょう（絵や図で表してもいいです）。

〈例〉掲示板の上のほこりを取るための「はたき」。

上の四角に書いた用具を準備したり、自分たちで作ったりして、掃除をしてみましょう。

登下校の様子をふりかえろう

年　　組　　番　氏名（　　　　　　　　　　）

1．登下校の様子をふりかえりましょう。

登校するときと下校するときの様子を思い出しましょう。「よくできている」には◎を、「できている」には○を、「もう少し」には△を、かっこの中に書きましょう。

(1) 歩道を使っている。（　　）
(2) 信号を守っている。（　　）
(3) 周りをよく見ている。（　　）
(4) 他の通行人や車の邪魔（じゃま）になっていない。（　　）
(5) 危険（きけん）な行動はしておらず、安全に気をつけている。（　　）
(6) 友達や地域の方などにあいさつをしている。（　　）
(7) 下学年の様子を見て、安全に登下校できるように声をかけている。（　　）
(8) ＿＿＿＿＿＿＿＿＿＿＿＿＿＿＿＿（　　）

［↑ここは、先生から指示があったときに書きましょう。］

2．「ロールモデル」になるために、登下校で気をつけることを書きましょう。

低学年の「ロールモデル」になるために、登校のときと下校するときに気をつけなければならないことを書いてみましょう（ロールモデルとは、「お手本となる人物」です）。

〈例〉歩道を歩きます。車道を歩くと、車や自転車などにぶつかって、事故（こ）になる場合があるからです。
〈例〉歩道を歩くときは縁石（えんせき）に上がりません。縁石に上がると、車道に落ちてしまうかも知れません。

冬休みの目標を立てよう

年　　組　　番　氏名（　　　　　　　　　　）

1．冬休みにやりたいことを考えましょう。

冬休み中にやりたいことは何ですか。学習や生活、遊びや行事などの中から、自由に書き出してみましょう（「おうちの人とやりたいこと」なども、考えてみましょう）。

〈例〉〇〇神社に初もうでに行く。

2．冬休み中の目標を立てましょう。

「1」で書いたことや、冬休み中にやらなければいけないこと（たとえば宿題）などを、期日や期限（げん）とともに下に書いてみましょう。

	やりたいこと　やらなければいけないこと	いつやるか　いつまでやるか
○	〈例〉年賀状（じょう）を出しに行く	12月　25日（月）まで
		月　日（　）
		月　日（　）
		月　日（　）
		月　日（　）
		月　日（　）
		月　日（　）
		月　日（　）

↑達成できたものには、冬休み中に〇をつけましょう。

5年生 1月 新年に向けた意識が高まるワークシート

〈1月の学級経営とシート活用ポイント〉

年末年始の家族行事や帰省等のわくわくを体験して、心も体も「学校モード」に戻すのがむずかしい時期です。年度末の3月に「このクラスでよかった」「新しい学年でも楽しく過ごしたい」と思うためには、この1月における気持ちの切り替えが大事になります。前の年を振り返る以上に、新しい年の過ごし方に意識を向けさせましょう。

1　冬休みの生活について発表しよう［表明型・周知型］

数学者の藤原正彦氏が子育て期に作った「発見ノート」の応用です。冬休みの生活や学習の中でのできごとを「大発見」「中発見」「小発見」に分けて、一人一人に発表してもらいます。サイコロ・トークで発表させるのも良いですね。

［主な指示等］「サイコロをふって、1・2が出たら小発見、3・4なら中発見、5・6なら大発見を発表しなさい」

2　お年玉の使い道を考えよう［思考型・検討型］

お年玉をもらうなど、自由に使えるお金が一気に増える時期だからこそ、お金の使い道を考えさせたいものです。同時に、お金を使って自分は何がしたいのか、さらにお金で買えない価値があるものについても考えさせます。

3　今年の目標を立てよう［目標設定型］

メジャーリーグの大谷翔平選手が高校生のときに作ったことで有名になった「マンダラチャート」。9ますの真ん中に目標を書いて、まわりの8ますに目標を達成するための具体的な手立てを書きこんでいきます。

［主な指示等］「9ますの真ん中に指を置きます。そこに、今年の目標を短く書きなさい」「目標を達成するためにやるべきことを、まわりの8ますに入れていきなさい」

4　冬の遊び方を考えよう［思考型・検討型］

子供たちには、冬にしかできない遊びをたくさん体験してもらいたいものです。友達と相談したり調べたりしながら、冬の遊びの種類を多く知るだけでなく、クラス全員で何を体験したいのか話し合うのもひと工夫です。

5　6年生を送る会の内容を考えよう［思考型・検討型］

6年生を楽しませることと、6年生に喜ばれることと、両方のやり方を検討させたいものです。どれか一つに絞るのではなく、どれとどれを組み合わせれば、感謝の気持ちが伝えられるのか、子供たちに話し合わせるのも良いですね。

〈参考文献〉祖国とは国語／藤原正彦／新潮社／2003年

冬休みの生活について発表しよう

年　　組　　番　氏名（　　　　　　　　　）

１．冬休みの生活や学習の中で見つけたこと、分かったことなどを、大発見、中発見、小発見に分けてみましょう。

大発見	〈例〉大みそかの「みそか」は「三十日」って意味だったよ。
中発見	〈例〉お正月に飲んだ甘酒(あま)はお酒じゃなかったよ。
小発見	〈例〉年賀状(じょう)をもらうと、うれしいことに気がついたよ。

２．友達の「発見」を聞いて、「なるほど」と思ったものを書きましょう。
また、「発見」の中で興味をもったことを調べ、くわしく書いてみましょう。

お年玉の使い道を考えよう

年　　　組　　　番　氏名（　　　　　　　　　　　　）

1．お年玉の使い道を考えましょう。

お年玉を何に使いたいか、自由に書き出してみましょう。

百円で何が買いたいか？

千円で何が買いたいか？

一万円で何が買いたいか？

2．一億円が当たったら？

宝くじで一億円が当たったら、何に使いたいかを書きましょう。

〈例〉部屋で一億円の札束を見て、にやにや笑う。

3．お金で買えないものって何？

あなたにとって、お金で買えない価値（かち）があるものとは何か書きましょう。

〈例〉遠足へ行った時のみんなとの思い出。

今年の目標を立てよう

年　　組　　番　氏名（　　　　　　　　　　　　）

1．今年の目標（がんばりたいこと）を、自由に書き出してみましょう。

〈例〉日曜日のお昼ごはんを自分で作る。

2．目標をチャートにしてみましょう。

①今年の目標の一つを、◆のますに書く。

②まわりの８ますには、目標を達成するためにするべきことを書く。

	◆	

冬の遊び方を考えよう

年　　組　　番　氏名（　　　　　　　　　　　　）

1．冬の遊びにはどんなものがあるか調べましょう。

冬の遊びにはどんなものがあるでしょうか。友達と相談したり、調べたりして、下に書きましょう。

〈例〉雪だるまづくり

……………………………………………

……………………………………………

……………………………………………

……………………………………………

……………………………………………

2．ランキングにしてみましょう。

「1」で書いたことをランキングにして、いつまでにやるかを書きましょう。

	やりたいこと	いつまでにやるか	
1位		月　　日（　　）まで	
2位		月　　日（　　）まで	
3位		月　　日（　　）まで	
4位		月　　日（　　）まで	
5位		月　　日（　　）まで	

達成できたものには○をつけましょう↑

６年生を送る会の内容を考えよう

年　　　組　　　番　氏名（　　　　　　　　　　　　　）

１．どんな内容の発表をしたいか考えましょう。

どんな内容の発表をしたいですか。下の（　　）に○をつけるか、わくに書くかしましょう。

（　　）よびかけ……５年生一人一人が感謝（しゃ）の言葉を短く伝える
（　　）似（に）顔絵プレゼント……６年生の似顔絵を描いてプレゼント
（　　）何年生だったかな？……教科書を読み、何年生で学んだかをあてるクイズ
（　　）６年間の思い出……思い出の写真をプロジェクターで映す
（　　）６年生に挑（ちょう）戦……縄跳（と）び、けん玉、フリースローなどで対決する

２．６年生との思い出を書きましょう。

６年生との思い出の場面を思い出して、下に書きましょう（送る会の発表で紹介（しょうかい）すると良いですね）。

5年生 2月 学級の結びつきがさらに強くなるワークシート

〈2月の学級経営とシート活用ポイント〉

2月は、学年末に向けて、1年間をふりかえり、まとめに向かう大切な時期です。3月になって慌ててふりかえりをすると、あっという間に年度末を迎えてしまいます。2月という早い段階で、学級目標に対して、個人としての振り返り、学級全体としてのふりかえりをすることが大事です。よりスムーズに次の学年への橋渡しができるようになります。

1　学級の良いところをもっと伸ばそう［表明型］

児童の感じる学級の良いところはみんな違うはずです。そこで、それぞれが感じている学級の良いところを共有し、どこをさらに伸ばしていきたいのか話し合います。

〔主な指示等〕「5年2組に点数をつけます。ワークシートの1番に書いてごらんなさい。書けた人は、その理由も書きましょう。」

2　学級のルールをふりかえろう［ふりかえり型］

3学期が始まって1か月が経ち、だんだんとメリハリがつきにくくなってきています。3月の修了の時期を見据え、ルールをきちんと守れているのかをしっかり確認することが大事です。そのうえで、追加した方が良いルールを検討させ、学級全体で更なる飛躍を目指させましょう。

〔主な指示等〕「『終わり良ければすべて良し』という格言があります。みんなは学級のルールを守れていますか。この時期だからこそ、きちんとルールを守りましょう。」

3　学級の「オリジナル○○」を作ろう［思考型・検討型］［目標設定型］

根拠を加えて主張することは重要な言語スキルになります。このワークシートで、児童は自分の意見に加え、意見を支える「アピールポイント」を考えます。友達のアピールポイントを聞いて、より説得力のあるアピールポイントとはどのようなものなのかを学びます。

4　学級会で意見を交流させよう［思考型・検討型］［表明型・周知型］

友達のアピールポイントを聞いたうえで、何をクラスで作っていきたいのか自分の意見を決めます。そのうえで、同じ意見の者同士でグループを作り、さらに説得力のあるアピールポイントをグループで考えます。まず、自分で考える。次に、グループで考える。主体的・協働的な学びが実現できます。

5　「オリジナル○○」の出来栄えをふりかえろう［ふりかえり型］

クラス全体で決めた「オリジナル○○」を実際にどのように活用していくのかを考えます。クラスで力を合わせて作っても使い方を決めなければ、結局活用されなかったということになりかねません。学級の結びつきをさらに強めるためにはどのような活用方法をしていくのかをクラス全体で決めます。

学級の良いところをもっと伸ばそう

年　　組　　番　氏名（　　　　　　　　　　）

1．今の学級に点数をつけてみましょう。また、理由も書きましょう。

点

理由

2．学級の良いところを３つ書きましょう。

①

②

③

3．「１」で書いた点数をアップするために、自分ができることは何ですか。たくさん書いてみましょう。

〈例〉給食準備（じゅんび）のとき、自分から進んで行う。

学級のルールをふりかえろう

年　　組　　番　氏名（　　　　　　　　　　　　）

1．学級にあるルールの中で、大事なものを３つ書きましょう。

1．

2．

3．

2．「1」で書いたルールを守れていますか。○をつけましょう。

すべて守れている　　２つ守れている　　どれも守れていない

3．「1」で書いたルールについて、これからどう守っていきますか。

4．学級の中で追加したいルールがあれば書きましょう。

5．「4」について、学級会などで話し合ってみましょう。

クラスのオリジナル○○を作ろう！

年　　組　　番　氏名（　　　　　　　　　　　　　）

1．クラスのみんなと作ってみたい「オリジナル○○」を書きましょう。

〈例〉オリジナルカレンダー、オリジナルルール、オリジナルソング、オリジナルダンス

2．オリジナル○○のアピールポイントを書きましょう。

〈例〉世界にたった１つしかないカレンダーが作れる。

3．発表しましょう。

4．友達の意見を聞いて「作りたい」と思うものを書きましょう。

（自分の案がいいと思う人は、さらに具体的に書きましょう）

学級会で意見を交流しよう！

年　　　　組　　　　番　氏名（　　　　　　　　　　　　　　　）

１．自分の意見、友達の意見をふまえて、作ってみたい「オリジナル〇〇」を１つだけ書きましょう。

２．同じ意見の人で集まって、具体的にどういうものを作りたいのか話し合いましょう。

〈例〉日めくりカレンダーを作成する。１人１枚を担当し、全員で３月分を完成させる。

３．学級で話し合い、作ってみたい「オリジナル〇〇」を決めましょう。

作るもの（　　　　　　　　　　　　　　　　　　　）

作る日　（　　　　　　　　　　　　　　　　　　　）

使う場所（　　　　　　　　　　　　　　　　　　　）

作るのに必要な道具など（　　　　　　　　　　　　）

その他必要なもの

オリジナル〇〇をふりかえろう！

年　　　組　　　番　氏名（　　　　　　　　　　）

1．学級で作った「オリジナル〇〇」は何ですか。

2．作成が終わったとき、どんな気持ちでしたか。

3．作成で1番がんばったことを書きましょう。

4．「オリジナル〇〇」をどのように活用していきたいですか。

5年生 3月 一年間がしめくくられるワークシート

〈3月の学級経営とシート活用ポイント〉

年度末の3月は、一年間をふりかえる時期です。次の学年への進級を、強く意識する時期でもあります。この時期には、課題に気づかせることも必要ですが、自分や学級のみんなの成長に目を向けさせることが特に大事です。また、翌月から「最高学年」になることについて、期待や意識を高めておきたいところです。

1　学級の成長を知ろう［ふりかえり型］［表明型・周知型］

4月から何をがんばってきてどう成長したかについて、ふりかえらせて今後への自信とします。一年間の行事予定表を拡大して黒板に貼ったり、端末で共有したりすると、子供たちが出来事を思い出しやすいでしょう。また、行事に限らず、授業や委員会活動などでの成長でも良いことを伝えると、書きやすいはずです。

［主な指示等］　項目2「最後の言葉は、○○学級、○○人、○○集団、○○チーム、○○仲間、5年○組、などにすると良いです」

2　学習のふりかえりをしよう［ふりかえり型］［目標設定型］

一年間の学習を、教科ごとにふりかえらせます。頑張ったことに対しては、大いに褒めたいところです。課題についてはそのままにさせず、少しでも向上することを目指し、項目「2」において、解決する手立てを自分で考えさせます。

3　一年間の「自分」をふりかえろう［ふりかえり型］

自分の成長を認識させ、次年度への意欲を高めます。班で発表をさせるときは、「1」の項目から一つだけ選ばせても良いでしょう。特に頑張りが目立つ子については、本人に断り、書かれている文章を全体の前で教師が読むのも一工夫です。

4　学級での思い出を発表しよう［ふりかえり型］［思考型・検討型］

一緒に過ごした仲間たちとの思い出をふりかえらせ、親密な時間を共有させます。「10大ニュース」は、書かせたあとに1位だけを全員に発表させ、黒板などで共有し、一人一票を投じさせて決める方法もあります。また、項目2については、学級の全員の名前が挙がるよう、下記のようにしても良いでしょう。

［主な指示等］「お隣の席の人は、どんな人だと言えますか。ワークシートの四角に『○○○な人』のように書き、その人の名前も書いてごらんなさい。書いたら、他の2人を考えて、その人たちの名前を書いてごらんなさい」

5　最高学年に向けて決意を語ろう［ふりかえり型］［思考型・検討型］［表明型・周知型］

どんな卒業生になりたいか、一年前から「ゴールイメージ」をもたせます。そして、それに向けて6年生ではどうしていくかを考えさせます。発表で出た意見を次年度に生かすためにも、次の学年・学級の担任に引き継いでも良いでしょう。

学級の成長を知ろう

年　　組　　番　氏名（　　　　　　　　　　）

1．1年間をふりかえりましょう。

春夏秋冬で、それぞれ印象に残っている出来事や行事を思い出しましょう。また、その出来事などで「みんなでがんばったこと」「学級が成長したこと」を考えてみましょう。

季節	印象的な出来事や行事	がんばったこと、成長したこと
春		
夏		
秋		
冬		

2．学級に名前をつけましょう。

自分の学級を、他の学級の人や、他の学校の人に紹介（しょうかい）するとしたら、どのように紹介しますか。「1」で書いた内容をもとに、10字以内で名前をつけて表現してみましょう。また、なぜその名前にしたのか、理由も書きましょう。

理由

〔　　　　　　　　　　〕

学習のふりかえりをしよう

年　　　組　　　番　氏名（　　　　　　　　　　　　　　）

１．学習をふりかえりましょう。

４月から勉強したことを思い出して、それぞれの教科について、「よくできたこと、がんばったこと」や「もう少しがんばれば良かったこと」を書いてみましょう。

教科	よくできたこと、がんばったこと	もう少しがんばれば良かったこと
国語		
社会		
算数		
理科		

↑自分で教科を選んで書きましょう。

２．これからがんばることを決めましょう。

今の学年が終わるまで、まだ時間があります。勉強では、特にどんなことをがんばりたいですか。上の「１」を参考にして、取り組みたいことを１つか２つ、具体的に書いてみましょう。

〈例〉算数の「分数の通分」が苦手なので、計算ドリルを見て、毎日ノートに必ず３問解く。

一年間の「自分」をふりかえろう

年　　組　　番　氏名（　　　　　　　　　　　　）

１．自分の成長を考えましょう。

一年間の中で、「成長した」、「前はできなかったけど、できるようになった」、「がんばった」と思えることは何ですか。学習や生活を思い出し、具体的に３つ書いてみましょう。
（〈例〉学習発表会の実行委員長になり、学年集会でみんなに自分の考えを提案（ていあん）できたこと。）

２．友達の成長を知りましょう。

「１」で書いたことを、班（はん）の友達などに発表しましょう。また、友達の成長も聞きましょう。

３．友達から感想をもらいましょう。

「１」で書いたことや、「２」で発表したことをもとにして、下の四角に友達から感想を書いてもらいましょう。

〈例〉実行委員長になっていて、すごいと思いました。　学習発表会は大成功でした。

学級での思い出を発表しよう

年　　　組　　　番　氏名（　　　　　　　　　　）

1．学級の10大ニュースを決めましょう。

一年間、学級で様々なことがあったはずです。印象的な出来事を3個書いてみましょう。全員が書いたら発表し、「学級の10大ニュース」を決めましょう。

（〈例〉「監獄(かんごく)ドッジボール」で、〇〇さんがボールをキャッチしてヒーローになった。）

1位	
2位	
3位	

2．「この学級で〇〇〇な人」を発表しましょう。

学級で、「親切な人」「勉強熱心な人」「おもしろい人」「本好きな人」「掃除(そうじ)をがんばった人」などは、それぞれ誰(だれ)ですか。四角の中は自由に考え、それぞれ3人ずつ書きましょう。

この学級で　　　　　　　　人

この学級で　　　　　　　　人

最高学年に向けて決意を語ろう

年　　　組　　　番　氏名（　　　　　　　　　　　　）

1.「こんな卒業生になりたい」

約一年後、5年生は卒業式を迎えます。そのとき、先生や下学年の人たちや保護者の方に、どんな卒業生だと言われたいですか。5つ書いてみましょう。

（〈例〉下学年に親切だった卒業生。）

1	卒業生
2	卒業生
3	卒業生
4	卒業生
5	卒業生

2.6年生でするべきことを考えましょう。

「1」で書いたものの中からいくつか選んで、6年生でするべきことを具体的に考え、下の四角に書いてみましょう。

（〈例〉「下学年に親切だった卒業生」と言われたい。そのために、たてわり班活動で、優しく説明してあげたい。）

3.発表しましょう。

「2」で書いたことを、全員で発表しましょう。

教師ページ

6年生
4月

新学期が楽しく始まるワークシート

〈4月の学級経営とシート活用ポイント〉

最高学年になり、「頑張ろう」という高い意欲をもっている子が多くいます。学校全体に関わる仕事や低学年の子への手伝いなどを通して、他者のために力を尽くすことの大切さ、気持ち良さを感じさせると良いでしょう。そのために一つ一つの活動の意味を語ったり、取り組んでいる様子を褒めたり、他の先生からの感謝の言葉を伝えたりしていくことが大事です。また、活躍の場を設定し、任せられることは子どもに任せてみることが大切です。一方で、高学年は人間関係作りで悩む子が出てきます。４月は無理のない程度に、人間関係作りの基礎となる取り組みをしていきたいところです。

1　自己紹介をしよう［表明型・周知型］

自分の好きなことや得意なこと、苦手なことや頑張りたいことを発表させます。６年生なので、文章の形で表明させると良いでしょう。このような自己開示は、人間関係を築く土台になります。

［参考］書いたワークシートをメモのように見ながら発表をする自己紹介のスタイルもあり得ます。

2　１学期の目標を立てよう［目標設定型］［表明型・周知型］

小学校生活最後の年を「どのように過ごしていきたいのか」「どんな６年生になりたいか」という目標を設定したいです。具体的な行動も考えさせ、設定した目標を忘れてしまうことのないよう、定期的に振り返ることが大切です。

［留意点］「６年生の目標を立てよう」として、一年間ずっと同じ目標でも構いません。ただし、１学期とした方が「目標設定」「振り返り」「改善」というサイクルが回しやすいです。

3　どんな学校にしたいかを考えよう［目標設定型］［表明型・周知型］

個人の目標と共に、「どんな学校にしていきたいのか」という目標も設定したいです。学校をより良くしていくために個人としてできることはいくつもありますが、委員会活動と関連させるとより実践的になります。

4　今週の目標とふりかえりを書こう［表明型・周知型］

週の初めに目標を立てます。そして週の終わりにふりかえります。４月にこのような活動を行うことで、良い習慣形成を行うことができます。ワークシートを常に目に入る場所に貼ると良いでしょう。

5　友達の良い行動を見つけよう［表明型・周知型］

自分の頑張りだけではなく、友達の頑張りを見つけることも大切です。お互いの良い点を見つけ合えることは、自分の成長にも、人間関係作り、学級作りにも良い影響を与えます。

自己紹介(しょうかい)をしよう

年　　組　　番　氏名（　　　　　　　　　　　　）

1．自分の好きなこと、得意なこと、苦手なこと、がんばりたいことを文章で書きましょう。

①好きなこと、得意なこと（学校のこと／学校以外でのこと）

②苦手なこと、がんばりたいこと　（学校のこと／学校以外でのこと）

③どれかを選んで○をつけます。○をつけたことについて書きましょう。
習っていること・趣味・将来の夢・６年生でやってみたいこと

2．学級のみんなへのメッセージを書きましょう。

学期の目標を立てよう

年　　　組　　　番　氏名（　　　　　　　　　　　）

1．最高学年として、どのように過ごしていきたいか、自分ががんばりたいことを、それぞれ書きましょう。

また、そのために何をするか、具体的な行動も書きましょう。

①生活面

そのために

②勉強面

そのために

③学校外でのこと

そのために

2．目標に対する自分の行動はどうでしたか。ふりかえってみましょう。

（　　）月

（　　）月

（　　）月

（　　）月

どんな学校にしたいか考えよう

年　　　組　　　番　氏名（　　　　　　　　　　　　　　）

１．この一年間でどんな学校にしたいか、考えを書きましょう。

２．「１」の考えを達成するために、自分はどんな行動ができますか。
具体的にいくつも書きましょう。
（複数ある場合は、「○○については、……」と、項目ごとに書いても良いです。）

３．友達の発表を聞いて、良かったことや感想などを書きましょう。

今週の目標とふりかえりを書こう

年　　　組　　　番　氏名（　　　　　　　　　　　　）

１．今週の学校生活で自分ががんばりたいことは何ですか。具体的に書きましょう。いくつ書いてもかまいません。

例：自分から先に挨拶をする。
　　低学年の子に優しくする。
　　授業で自分から発言をするようにする。
　　先生に言われる前に時間を意識して行動する。
　　掃除（そうじ）の時に、自分の役割以外のことも行う。
　　字を丁寧（ねい）に書く。

２．「１」で書いたことが、どの程度できましたか。また、もっと良くできそうなことはありましたか。書きましょう。

〈例〉自分から先に挨拶するのは、月曜日以外毎日できた。
　　字を丁寧に書くのは、宿題のときにもできる。

３．今週、自分の良かった行動や、友達の良かった行動などを書きましょう。

〈例〉来校された方とろうかですれちがったとき、えしゃくをした。
　　○○さんは、朝学習を３分前から始めていて、すごいと思った。

友達の良い行動を見つけよう

年　　　組　　　番　氏名（　　　　　　　　　　　　）

1．学校生活で「良い行動をしているな」と思える人は誰ですか。その人の名前と行動を書きましょう。

（朝の時間、授業中、休み時間、給食や掃除（そうじ）の時間、当番や係、委員会やクラブなどにおける、ささいな行動や、なにげない言葉まで思い出してみましょう）

	名前	行動
1		
2		
3		

2．良かった人の行動から自分が取り入れたいなと思うことは何ですか。

〈例〉〇〇さんが、理科の授業で□□君がまちがった答えを言ったとき、「そういうことはだれにでもあるよ」と笑顔で言っていたのが優（やさ）しいと思った。私も見習いたい。

3．今週、自分の良かった行動や、友達の良かった行動などを書きましょう。

6年生 5月 友達との仲が深まるワークシート

〈5月の学級経営とシート活用ポイント〉

最高学年として１ヵ月が経ちました。５月は友達との関わりが徐々に増えてきます。教師は、友達の事をより詳しく知ろうとする機会を意図的に作ってあげると良いでしょう。また、学級に対して子供たちがどう感じているか、教師が知るための手段として、ワークシートを使ってみると良いでしょう。

1　学級の良いところを見つけよう ［ふりかえり型］［表明型・周知型］

今の学級の良いところを探させます。自分が見えているものと、友達が見えているものは異なることが多いため、それぞれが見つけた良さを発表させても良いでしょう。

［参考］右記 QR コードに、ワークシートの記入例を載せてあります。記入例を参考にさせて、学級の良いところを書き出させると良いでしょう。

2　連休明けの生活を見直そう ［ふりかえり型］［トレーニング型］［目標設定型］

ゴールデンウイークを終えて、新しい気持ちで６年生の活動を行っていきます。これからどのようなことに力を入れていくのか、目標を設定させます。

［留意点］　１つの目標を達成するために、チェック欄を付けています。目標に対して今日の振り返りができるよう、チェックができる時間の設定をしましょう。

3　すごろくトーキングをしよう ［表明型・周知型］［トレーニング型］

小グループになり、すごろくを行います。マス目に沿って進み、グループでの会話を膨らませます。会話を通じて友達の新しい一面を知ることができたり、気が合う人を見つけたりして、グループ内での交流を活性化することができます。

4　学級を二字熟語で表そう ［ふりかえり型］［表明型・周知型］

６年生の国語科の熟語を扱う単元があります。学級を二字熟語で表すことで、互いが自学級をどのように認識しているのかを知るきっかけになります。ただ知るだけでなく、互いにインタビューすることによって学級の仲を深めます。

【主な発問例】　今の学級を漢字二字で表すと、どのような漢字がふさわしいですか。
教科書や漢字辞典、タブレットなどで調べて書いても構いません。

5　自主勉強のやり方を共有しよう ［表明型・周知型］

机に向かって学習する習慣を付けるために、「自主学習」への取り組みは欠かせません。学習の仕方を共有することによって、参考にしたり刺激になったりして、より良い自主勉強を目指すことが期待されます。

〈参考文献〉山本東矢の仲間づくり学級ゲーム 50 ／山本東矢／学芸みらい社／ 2019 年

学級の良いところを見つけよう

年　　組　　番　氏名（　　　　　　　　　　）

学級の「良いところ」を２つ見つけましょう

良いところ①

理由を2つ書きましょう。

理由①

理由②

さらに良い姿（すがた）は、どんな姿ですか。

良いところ②

理由を2つ書きましょう。

理由①

理由②

さらに良い姿は、どんな姿ですか。

連休明けの生活を見直そう

年　　組　　番　氏名（　　　　　　　　　　　　）

1．連休明けに、どのようなことをがんばりたいですか。自分の目標を一つ書きましょう。

〈例〉毎日、友達にあいさつをします。／自主学習を毎日、１ページ行います。

2．自分の目標に対してふりかえり、チェックを入れてみましょう。
◎＝よくできた。○＝できた。△＝もう少し

日（月）	日（火）	日（水）	日（木）	日（金）

3．これからがんばりたいことや、感想を書きましょう。

4．隣（となり）の席の人や班（はん）の人から、コメントをもらいましょう。

すごろくトーキングをしよう

年　　　組　　　番　氏名（　　　　　　　　　　　　）

1．さいころを転がして、グループで「すごろくトーキング」をしましょう。

一人がさいころを転がし、コマを進め、止まったマス目の内容について、全員が話します。
全員が話し終えたら、別の人がさいころを転がして、コマを進めます。
先生が「やめ」というまで、何度も挑(ちょう)戦しましょう。
２回目以降に同じマスに止まったときは、１マス進め、話題を変えましょう。

スタート!		クラスのよい所	今はまっていること	先生のイメージ
好きな食べ物		今ほしいもの		自分を動物に例えると
好きな教科		最近ビックリしたこと		好きな場所
好きな遊び		こんな力がほしい		右隣(どなり)の人の良いところ
家でよくすること		将来やりたいこと		グループの人へ一言
苦手な食べ物	苦手な教科	苦手なこと		スタートに戻る

2．「すごろくトーキング」をした感想を書きましょう。

学級を二字熟語(じゅく)で表そう

年　　　組　　　番　氏名（　　　　　　　　　　）

1．今の学級を漢字二字で表すと、どのような漢字がふさわしいですか。教科書や漢字辞典、タブレットを参考にしながら書きましょう。

2．なぜその二字熟語にしたのですか。理由を書きましょう。

3．友達が考えた二字熟語を聞いてみましょう。「ああ、そうだなあ。」や「たしかに！」などと思った二字熟語を書き入れましょう。

自主勉強のやり方を共有しよう

年　　　組　　　番　氏名（　　　　　　　　　　　　）

1．自主勉強について、次の⑴〜⑷まで書いてみましょう。

⑴自主勉強をする時間帯は、いつも何時くらいですか。

⑵自主勉強をする場所は、どこでしていることが多いですか。

⑶自主勉強をする内容は、どのような内容が多いですか。

⑷自主勉強をする内容が決められない時は、どのようにしていますか。

2．友達にインタビューをします。上の４つのことや、勉強に関することで、知りたいことをたずねてみましょう。

3．インタビューをしてみて、これからがんばりたいことや、初めて知ったことなどを書いてみましょう。

6年生
6月

学級の結びつきが強くなるワークシート

〈6月の学級経営とシート活用ポイント〉

6月は学級の中でトラブルが起き始める時期です。友達との生活に慣れてくる一方で、わがままを言ってしまったり、相手の気持ちを考えることを忘れてしまったりします。また梅雨に入るため、日光をあびることが比較的少なくなり、脳内の「セロトニン」が減ってしまう季節でもあります。コミュニケーションの取り方やルールを守ることの大切さをもう一度ふりかえることが大切です。

1　学級の良いところと課題を知ろう［ふりかえり型］

このワークシートでは、まず学級の良さと課題をふりかえります。ただ自分でふりかえるのではなく、友達や先生、下学年に聞くことでより客観的にふりかえることができます。良かったところをのばす目標、課題を改善するための目標をそれぞれ考えることで前向きな気持ちを持たせます。

2　学校や学級のルールをふりかえろう［ふりかえり型］

最高学年である6年生は学校全体でルールを守っていくこと、そのために自分が何ができるのかということも考えていきます。ここでは「フィッシュボーンチャート」を用いて「ろう下歩行」や「清掃活動」などの活動で、何ができるのかを話合いながら考えるワークシートになっています。お互いに出た意見の中から選択して何から始めるのか考えることで、行動につながっていきます。またJamboardに「フィッシュボーンチャート」を背景にして全体に共有することで他のグループの考えも参考にながら活動することができます。

3　学級遊びを企画しよう［思考型・模索型］

学級遊びを企画する上で、常に目標をもとに考えるワークシートになっています。目標にあった遊び、良さを考えさせることで、何のために活動をするのかということをはっきり意識しながら考えることができます。

4　学級遊びをふりかえろう［ふりかえり型］

活動をしたまま終わるのではなく、ふりかえることで成果や課題を意識することが大切になってきます。ここでは、活動したことの良かったところと課題点がより明確になるようにしています。こうすることで自信をもつことができ、改善するとよりよくなるという見通しを持たせることもできます。「課題」に対しての改善点を3つ考えさせることでより具他的な行動へとつなげていきます。

5　水泳の目標を立てよう［目標設定型］

このワークシートでは「ブロックチャート」を用いて、水泳をすることで何が達成できるのか、見通しをもたせることができます。体を鍛えたい児童は何度も泳ぎを繰り返すことが必要であり、タイムをのばしたい児童は型を基礎から学ぶことが必要となってきます。またJamboardに「ブロックチャート」を背景にして全体に共有することで他のグループの考えも参考にながら活動することができます。

〈参考文献〉「思考ツールの授業」／田村学・黒上晴夫／小学館／2013年

学級の良いところと課題を知ろう

年　　　組　　　番　氏名（　　　　　　　　　　　　）

1．学級の良いところを３つ聞いてみましょう。（友達や、他の学級の人に）

1
2
3

2．学級の課題を３つ聞いてみましょう。（友達や、他の学級の人に）

1
2
3

3．「1」と「2」で書いたものの中からそれぞれ1つずつ選び、これからどうすれば良いか書きましょう。

良いところ	課題
さらに良くするために……	直すために……

学校や学級のルールをもう一度確認しよう

年　　組　　番　氏名（　　　　　　　　）

1．学級や学校のルールを全員が守るために、自分は何ができるのか考えましょう。
（□の中にルールを書きます。それぞれの欄（らん）に、どう行動すれば良いか書きます。）

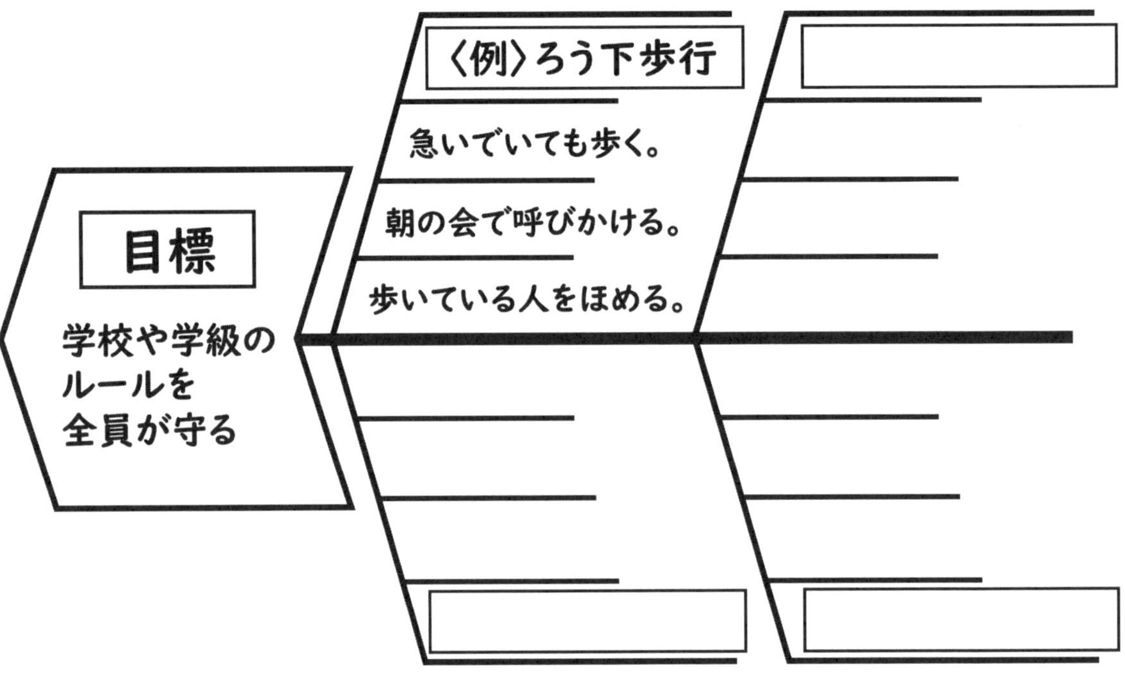

2．書いた内容を一つ選んで、学級で発表しましょう。

3．一週間後、ふりかえってみましょう。
（自分の行動は変わりましたか。全員の様子はどうですか。）

学級遊びを企画（きかく）しよう

年　　組　　番　氏名（　　　　　　　　　　　　）

1．学級遊びの目標を学級で考えましょう。その目標を書きましょう。

2．目標を達成するためには、どんな「遊び」が良いですか。
一つ書きましょう。

3．話し合いをして、出た意見と、それぞれの遊びの「良さ」を書きましょう。

〈例〉鬼ごっこ　……　雨の日でも体育館でできる。

4．話し合った結果、選ばれた遊びを書きましょう。

学級遊びをふりかえろう

年　　　組　　　　番　氏名（　　　　　　　　　　　　　　　　）

1．学級遊びの目標は達成できましたか。「良かったこと」や「課題」などを考えましょう。

学級遊びでしたこと（遊びや役割（わり）など）

良かったこと

課題

2．「課題」を解決するには、どうしたら良いですか。心掛（が）けたいことや、工夫したいことなどを３つ書きましょう。

①

②

③

「２」で書いたことは、次回の学級遊びなどで生かしましょう。

水泳で心も体も鍛(きた)えよう

年　　　組　　　番　氏名（　　　　　　　　　　　　）

1．水泳をすることで、どんな力をつけていですか。
みんなで話し合ってみましょう。一番つけたい力を四角の中に書きましょう。

話し合いで出た意見

自分が一番つけたい力

2．水泳レベル表を作りましょう。
上で決めた「つけたい力」のために、何をがんばりたいですか。３つ決めてみましょう。

レベル1	
レベル2	
レベル3	

6年生 7月 成長が実感できるワークシート

〈7月の学級経営とシート活用ポイント〉

最高学年として過ごしてきた１学期。子供たちは学校生活の中に限らず、地域の中の活動でも責任ある行動を求められ、それに応えてきました。そして、それぞれの場で自分のもっている力を向上させてきました。そんな子供たちに自分の成長を実感させることは、２学期の活動への意欲付けになります。さらに、頑張りを学級の仲間から認めてもらえることは、より良い学級づくりの土台となります。

1　挨拶の習慣を見直そう［ふりかえり型］［トレーニング型］

挨拶は人間関係作りには欠かせないものです。しかし、高学年になると、挨拶に消極的になる児童がいます。来年は中学生となり様々な人との出会いがあります。そんな時期だからこそ、改めて挨拶のことについて考え、その重要性を再認識しましょう。

［留意点］「おはよう」や「こんにちは」だけなく、「ありがとう」「ごめんなさい」なども挨拶の言葉に含まることを確認すると、より深く自分を振り返ることができます。

2　自分の良さを友達に聞こう［トレーニング型］

自分自身の良さを友達に伝えられることは嬉しいものです。また、自分が知らなかった「自分の良さ」に気づくことでき、自分に自信をもつことができます。

［主な指導事項］「１」は友達から書いてもらいます。相手の良さを書く時は「～だから、優しい。」などのように、具体的な場面を挙げて書かせることが大切です。

3　ゲームやスマホなどの使い方を見直そう［ふりかえり型］［トレーニング型］

ゲームやスマホ等の使用に関わり、生活や身体にどのような影響があるのかを自分で調べることで、自分にとって大切な問題として意識できるようになります。また、夏休み前に、メディアに対する自分の行動について考えさせることは、乱れがちな夏休みの生活を充実させていくことにつながります。

4　１学期の学習や生活をふりかえろう［ふりかえり型］

「２」と同じように非常に大切なふりかえりです。これまでの自分と比べ、成長できたと思えることに目を向けさせることで、さらに自己肯定感を高めることができます。

［留意点］　学級の仲間からコメントをもらうことがポイントです。周りから認めてもらうことで、児童はさらに自信を深めることができます。

5　夏休み中の１日の計画を立てよう［目標設定型］［思考型・模索型］

夏休み前に１日の計画を作成することは、自分の生活リズムを意識させることにつながります。しかし、日が経つにつれて意識が薄れていく場合もあります。本ワークシートは、そのようなことがないよう、毎日、簡単な振り返りをすることができます。また、意識して行動したいことを自分で選択することができるので、意欲の持続が期待できます。

挨拶の習慣を見直そう

年　　　組　　　番　氏名（　　　　　　　　　　）

１．挨拶は日常生活の様々な場面で行います。次の時、あなただったら、何と言いますか。［　　　］の中に書きましょう。

⑴朝、友達に会った時	
⑵人から親切にしてもらった時	
⑶学校でお客様に会った時	

２．友達や先生、家族などに挨拶をされると、どんな気持ちになりますか。具体的に書きましょう。

〈例〉教室に来ると○○さんは、いつも元気にあいさつをしてくれます。ぼくは……

３．「意識して言いたい挨拶」を１つ決めて、使ってみましょう。

チャレンジ日　　月　　日

意識して言いたい挨拶	誰に言いますか？
〈例〉こんにちは	・家に来たお客さん　・近所の○○さん

＜ふりかえり＞

自分の良さを友達に聞こう

年　　　組　　　番　氏名（　　　　　　　　　　　　　　）

1．生活班（またはグループ）の友達から、自分の良さを書いてもらいましょう（このワークシートを回して、書いてもらいましょう）。

友達の名前	友達から書いてもらった自分の良さ
〈例〉太郎	〈例〉・休み時間に遊びにさそってくれるので優しい。

2．「1」で書いてもらったことを読んで、「自分の良さ」について、わかったこと・気づいたこと・思ったことを書きましょう。

3．おうちの人からコメントをもらいましょう。

ゲームやスマホなどの使い方を見直そう

年　　　組　　　番　氏名（　　　　　　　　　　　）

ゲームやスマホなどをまとめて、ここでは「メディア」と言うことにします。

1．自分とメディアとの関わりについて答えましょう。

(1) 1日にメディアに触（ふ）れる時間はどれくらいですか。　　　時間

(2)メディアの魅力（みりょく）はどんなところですか。自分が一番触れているメディアの魅力を書きましょう。

〈例〉スマホの魅力はゲームがどこでもできるところ。例えば……

2．「1-(2)」で挙（あ）げたメディアをやりすぎたり、使いすぎたりすると、生活や身体にどのような影響（えいきょう）があるでしょう。様々な方法で調べましょう。

3．今後、メディアとどのように付き合っていくか書きましょう。

学期の学習や生活をふりかえろう

年　　組　　番　氏名（　　　　　　　　　　）

1．この学期に特にがんばった教科は何ですか。その理由も書きましょう。

⑴特にがんばった教科

⑵理由

〈例〉漢字テストで100点を取るために毎日家で自主学習をしたから。

2．この学期の学校生活の中で、「成長できた」と思えることは何ですか。1つ選び（　　）で囲みましょう。また、その成長を具体的に書きましょう。

友達関係のこと　委員会活動のこと　クラブ活動のこと

生活の仕方のこと　その他（　　　　　　）

自分の成長〈例〉ぼくは「友達関係のこと」で成長できた。なぜなら、自分から遊びに……

3．「1」と「2」を発表し、学級の友達にコメントをもらいましょう。

夏休み中の１日の計画を立てよう

年　　　組　　　番　氏名（　　　　　　　　　　　　）

夏休み中の１日の計画を立てましょう。（旅行など、特別なイベントがない日の計画です）

①下の「項目（こうもく）」の予定時刻・時間を決めましょう。

〈項目の例〉「起床（きしょう）」「就寝（しゅうしん）」「習い事」「学習」「外遊び」
「ゲーム」「テレビ」「動画視聴（しちょう）」「運動」など

②１日のふりかえりは「正の字」でチェックしていきましょう。

項目	予定時刻・時間	できた	できなかった
〈例〉起床	6：00	正正正正	正
〈例〉習い事（習字）	15：00〜17：00	正正	

③全体のふりかえりを書きましょう。

④お家の人からコメントをもらいましょう。

6年生 9月 夏休み明けの生活が充実するワークシート 防災への意識が高まるワークシート

〈9月の学級経営とシート活用ポイント〉

6年生にとっては小学校生活が残り半年となります。残された短い小学校生活を見通して、どんな学級にしたいのか、さらにはどんな学年にしたいのかを考えさせましょう。2学期全体の目標や、個々の行事の目標を立てるときにも、自分たちの目指すゴールを踏まえて考えさせると良いでしょう。また、9月1日は防災の日です。平時の備えについても考えさせ、高学年として防災の意識を高めることも必要です。

1　夏休みのがんばりを発表しよう［ふりかえり型］［表明型・周知型］

多くの場合、夏休み前に目標やがんばりたいことなどを子供たちに考えさせているでしょう。夏休みをふり返って、自分はどんなことをがんばったのかを発表させます。

［留意点］子どもによっては、特にがんばったことがないという場合もあります。学習面や生活面だけでなく、自分の趣味や遊びなどで考えればいいことを話すと良いでしょう。

2　2学期の目標を立てよう［目標設定型］［ふりかえり型］

2学期は行事がたくさんある学校が多いでしょう。6年生として活躍できる機会が多くなります。2学期のスタートに目標を立てさせ、新しい気持ちで学習や行事にのぞめるようにしましょう。

［留意点］目標は人に宣言した方が達成しやすくなります。目標ベスト3を発表させたり、教室に掲示したりするとよいでしょう。

3　防災について考えよう［思考型・模索型］

9月1日は防災の日です。ここでは平時の備えとして、災害が起こったときに必要な物を考えさせます。全体で必要なものを出し合った後、グループで優先順位を考えさせます。優先順位を考える中で、それぞれの道具の必要性に目が向くようになるでしょう。

4　卒業までにやりたいことを挙げよう［ふりかえり型］［表明型・周知型］

残り短い小学校生活の間にやりたいことを考えさせます。学習のこと、学習以外のこと、自分一人ですること、みんなですることという観点で考えさせましょう。

5　生活に活かせる運動会にしよう［目標設定型］［思考型・模索型］

2学期は運動会が行われることが多いです。行事を通して学級や学年が成長する機会としましょう。残り半年間でどんな学級・学年にしたいかを確認した上で、運動会に向けて何をするべきかを考えさせるとよいでしょう。

［主な指示等］運動会を通して、どんな学年・学級にしたいかを書きましょう。自分がすることを5つ書きましょう。

夏休みのがんばりを発表しよう

年　　組　　番　氏名（　　　　　　　　　　）

1．夏休みにがんばったことを書きましょう。（勉強・生活・遊びなど）

2．1つ選び、発表する内容を考えましょう。

（なぜがんばったのか、どのようにがんばったか、どんな気持ちだったか、がんばった結果どうなったか、など）

3．発表する練習をしましょう。

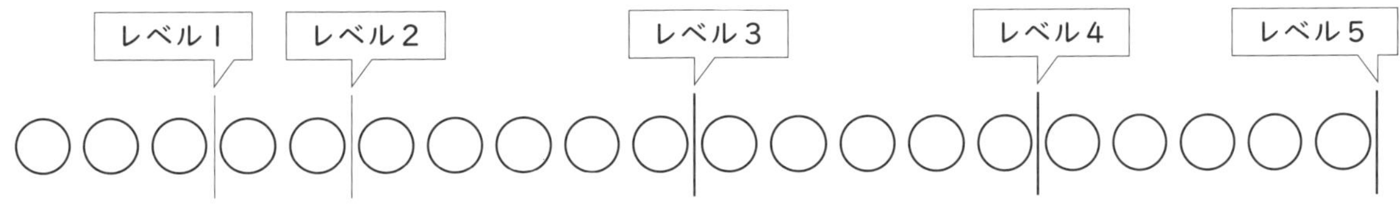

4．夏休みのがんばりを2学期にどう生かすかを書きましょう。

学期の目標を立てよう

年　　組　　番　氏名（　　　　　　　　　　　　）

1．どんな学期にしたいですか。下に書きましょう。

2．「1」のような学期にするために、何をすると良いですか。

学習面	生活面

3．「2」をもとにして、今学期の目標ベスト3を書きましょう。

①

②

③

4．上の3つを選んだ理由を書きましょう。

防災について考えよう

年　組　番　氏名（　　　　　　　　　　　　）

1．自分が住んでいる地域(いき)で起こりうる災害と避難(ひなん)場所を書きましょう。

起こりうる災害　〈例〉地震

避難場所　〈例〉○○公園

2．「1」で書いた災害への備(そな)えとして必要な物を書きましょう。

3．「2」で書いたものをクラスで出し合い、1番から8番まで優(ゆう)先順位をつけます。グループで話し合って書きましょう。

①	□	⑤	□
②	□	⑥	□
③	□	⑦	□
④	□	⑧	□

4．上の8つが家にあるか確認しましょう。あれば、□に○をつけましょう。

卒業までにやりたいことを挙げよう

年　　　組　　　番　氏名（　　　　　　　　　　　　）

１．卒業までにやりたいことを書き出しましょう。

	学習のこと	学習以外のこと
自分で	（例：漢字テストで 100 点をとりたい）	（例：あまり話さない友だちと遊びたい）
みんなで	（例：百人一首大会がしたい）	（例：特技の発表会がしたい）

２．出したものからやりたいことを５個挙げましょう。

①

②

③

④

⑤

３．みんなでやりたいことを出し合いましょう。

生活に活かせる運動会にしよう

年　　組　　番　氏名（　　　　　　　　　　　　）

1．運動会の練習や本番を通して、どんな学年や学級にしたいですか。
箇条（かじょう）書きで書きましょう。

学年	
学級	

2．「1」のような学年や学級になるためには、どうしたら良いでしょう。
普段（ふだん）の生活で自分ががんばることを5つ書きましょう。

①

②

③

④

⑤

3．①～⑤はどれぐらいできましたか。10点満点で点数をつけ、その理由を書きましょう。

点数　　／10	理由

6年生 10月 学級の文化が深まるワークシート

〈10月の学級経営とシート活用ポイント〉

６年生は秋の大きな行事を終えると卒業を意識し始める時期です。行事を通して、学校生活の質が高まるよう指導していきたいものです。そのために、目標を立て、途中経過を確認し、子供たちを常に励まし続けることが大切です。また、学級の人間関係が停滞する時期でもあります。これまで教師が行っていたことを少しずつ子供たちに任せていきながら、教師が意図的に交流活動を仕組むことで、より良い学級経営につながります。

1　オススメする本の発表会をしよう［思考型・模索型］［トレーニング型］

発表会では、「笑顔」と「声」に特化した評価基準を作りました。１人１台端末を用いて、練習の動画を取り合いメタ認知を図ることもおすすめの練習方法です。練習回数の数だけ色を塗る活動を通して、子供たちの意欲を引き出すことをねらいとしています。

2　新聞記事を紹介しよう［表明型・周知型］

新聞購読率が下がっている現在だからこそ、「新聞」という文化に興味をもたせることをねらいとしています。「1」の活動では、新聞記事を切って貼り付けることで見栄えの良い掲示物となり、読み合うことで学習が深まります。

［留意事項］新聞の準備が難しい場合にはネット記事の見出しを探させ、ワークシートに見出しを視写させることで同じように学習を進めることができます。

3　「芸術の秋」を充実させよう［目標設定型］

９つの芸術的な活動を通して子供たちの交流を生み出すことをねらいとしています。また、クラスメートの意外な趣味や特技に気付くことで、これまでなかった交流を意図的に作り出していきたいものです。

4　修学旅行のめあてを立てよう［目標設定型］

修学旅行という行事を通して、各々が成長し学級としても１段階上のレベルを目指していきたいものです。そのため、子供たちには、修学旅行が目的なのではなく、成長のための１つの手段として捉えさせます。

5　修学旅行の学びを発表しよう［ふりかえり型］

自分が立てた目標をどのくらい達成することができたのか、振り返りを行うことで今後の学校生活の質の向上につながります。また、宿泊を通して普段は見えていなかった友達の良さに気付かせ、共有を図ることで結びつきを深めていきます。

〈参考文献〉ズバッと成功！教室の困難児指導／林健広／学芸みらい社／2018年

オススメする本の発表会をしよう

年　　組　　番　氏名（　　　　　　　　　　）

1．オススメする本の題名と作者を書きましょう。

2．オススメしたいポイントを３つ書きましょう。

3．発表メモを作りましょう。（枠におさまらないときには、国語のノートを準備しましょう）

★発表練習をした回数分○をそめよう！　①②③④⑤⑥⑦⑧⑨⑩

4．自分の発表に点数を付け、色をぬりましょう。

①笑顔で発表ができたかどうか。

1点				5点					10点

②教室全体に聞こえる声で発表ができたかどうか。

1点				5点					10点

新聞記事を紹介しよう

年　　組　　番　氏名（　　　　　　　　　　　　）

1．新聞記事を読んで、気になった「見出し」を３つ紹介しましょう。

月　日（　）	月　日（　）	月　日（　）
〈例〉ノーベル賞 日本３氏／初の全国制覇（は） 悲願の優（ゆう）勝		

※同じ日の新聞から３つの見出しを選んでも良いです。

2．１番気になった「見出し」の記事を読み、感想を書きましょう。

「芸術の秋」を充実させよう

年　　　組　　　番　氏名（　　　　　　　　　　　　　　）

1．書いてある活動ができたら、色をぬったり○をつけたりしましょう。

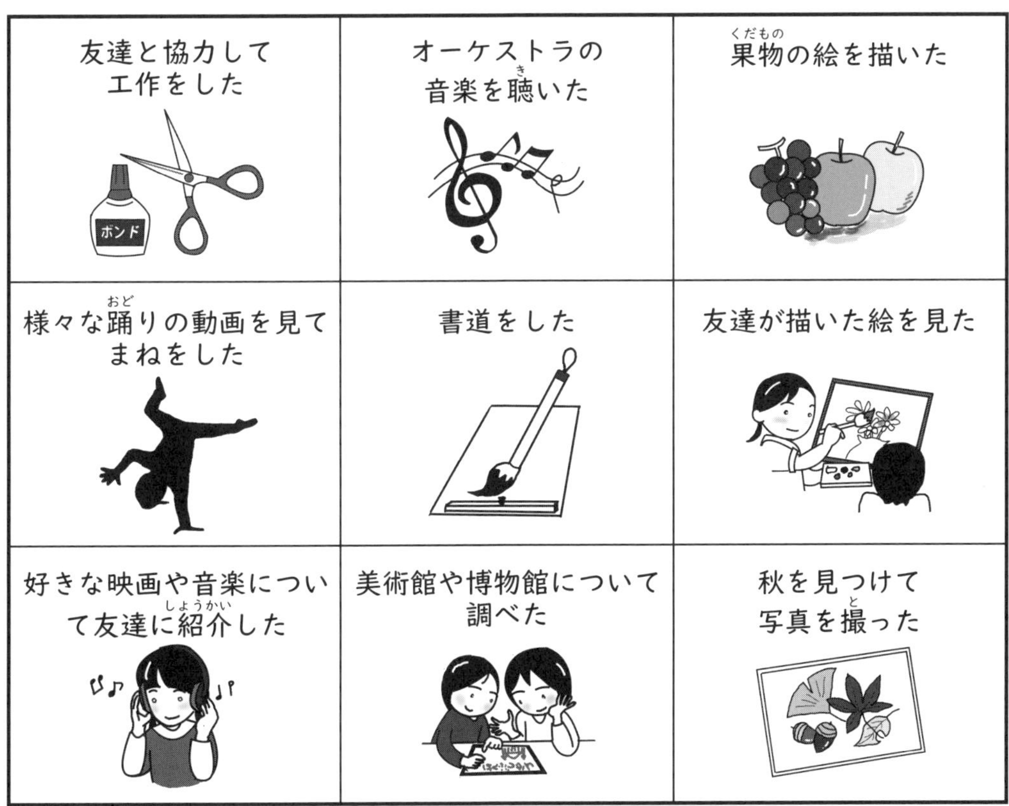

クリアーした数	称号	難易度	クリアーした日
3個	フレッシュ芸術ルーキー	★	月　　日（　）
6個	期待の芸術マスター	★★★	月　　日（　）
9個	夢の芸術チャンピオン	★★★★★	月　　日（　）

2．最も心に残った「芸術」について感想を書きましょう。

修学旅行のめあてを立てよう

年　　組　　番　氏名（　　　　　　　　　　　）

1．修学旅行を終えた時、どんな自分になりたいかを書きましょう。

〈例〉クラスのみんなともっと仲良くなりたい。時間を守れるようになりたい。堂々と発表ができるようになりたい。

2．なりたい自分になるために、修学旅行のめあてを立てましょう。

3．修学旅行先で学びたいことを箇条（かじょう）書きにしましょう。

①

②

③

④

4．同じグループの友達の学びたいことをメモしましょう。

修学旅行の学びを発表しよう

年　　　組　　　番　氏名（　　　　　　　　　　）

1．修学旅行前に立てためあてはどのくらい達成できましたか。

10点満点中

点

その点数にした理由を書き、めあてをふりかえりましょう。

2．修学旅行でがんばっていた友達をみんなに紹介（しょうかい）しましょう。

＿＿＿＿＿＿＿＿さん

＿＿＿＿＿＿＿＿さん

3．修学旅行で学んだことをこれからの学校生活でどのように生かしていきたいですか。できるだけ具体的に書きましょう。

〈例〉5分前行動を授業時間にも行う。毎日10人以上にあいさつをする。

6年生 11月 行事が成功するワークシート

〈11月の学級経営とシート活用ポイント〉

学校行事は、学級集団として大きく成長するチャンスです。「楽しい」だけで終わらせないためにも、学校行事を行う「目的」を明確に伝えましょう。その上で、行事後の具体的な成長の姿をイメージさせながら、一生懸命に練習に向かう雰囲気作りをしていきたいものです。11月は少しずつ「卒業」が意識され始める時期でもあります。学校行事での成長が、児童の将来にも結びつくようにイメージして指導をすると良いでしょう。

1　行事の「成功」について考えよう［思考型・模索型］［トレーニング型］［表明型・周知型］

行事の練習が始まる第1時間目に確認しておきたいことが行事を行う目的です。なぜ、その行事を行うのか、児童にも考えさせ、具体的な成功イメージを持たせることが重要です。行事後の成長した姿を想像させることも、行事の質を上げることに有効でしょう。

［語りの例］「○○という行事は、普段できないことに挑戦するよい機会です。挑戦の先には、成功か学びしかありません。全力で取り組みましょう。」

2　友達のがんばりを発表しよう［ふりかえり型］［表明型・周知型］

行事の練習での友達のがんばりに目を向けさせることは、学級集団の成長を促す上でも有効な手立てとなります。普段からどのようながんばりが見られるかよく観察するように声掛けするとよいでしょう。行事後には、ワークシート項目3により、成長した友達の姿を紹介し合えると良いです。

3　下学年へ賞状を送ろう［表明型・周知型］

行事で感じた下学年のすばらしさを賞状で称える活動は、最高学年の意識を育てることにもつながるでしょう。下学年の行事を参観する前に、賞状を作ることを予告することで、具体的な姿を記した賞状を作ることができます。

4　行事を生活に生かそう［ふりかえり型］［トレーニング型］

行事後には、どのような自分に成長したかを行動で示すために、具体的な行動目標を決めさせるという方法があります。ワークシートの「行動目標チャレンジシート」は、目標が5回達成するごとにレベルが上がるというシステムになっています。

5　働くことの目的を考えよう［思考型・模索型］

働くことには、「お金を稼ぐ」ということ以外にどのような目的があるのかを考えさせることは、キャリア教育の重要な視点の一つです。家族や身近な大人に対して行う「仕事に関するインタビュー」の回答を学級で共有することで、より考えが広がるでしょう。

［主な指示等］「なぜ、人は働くのだと思いますか。働くことの目的を予想して、箇条書きにしましょう。」

〈参考文献〉生徒に『私はできる！』と思わせる 超・積極的指導法／長谷川博之／学芸みらい社／2014年

行事の「成功」について考えよう

年　　組　　番　氏名（　　　　　　　　　　　　　）

行事の名前

＿＿月＿＿日（＿＿）　　　　　　　　について

1．行事の目的を考えましょう。

2．「行事が成功する」とは、どのような状態かイメージしてみましょう。

例）（運動会のソーラン節）
全員が、大きな声でかけ声を出したり、メリハリのある動きで踊（おど）ったりして、学年のチームワークが高まった状態。

〔自分の考え〕

〔友達の考え〕

3．行事が終わった後の成長した姿を想像しましょう。

友達のがんばりを発表しよう

年　　組　　番　氏名（　　　　　　　　　　）

＿＿月＿＿日（＿＿）　行事の名前　について

1．がんばっている友達を紹介(しょうかい)しましょう。

日付	友達の名前	がんばっていた姿
／		
／		
／		

2．友達に「がんばったこと」をインタビューしてみましょう。

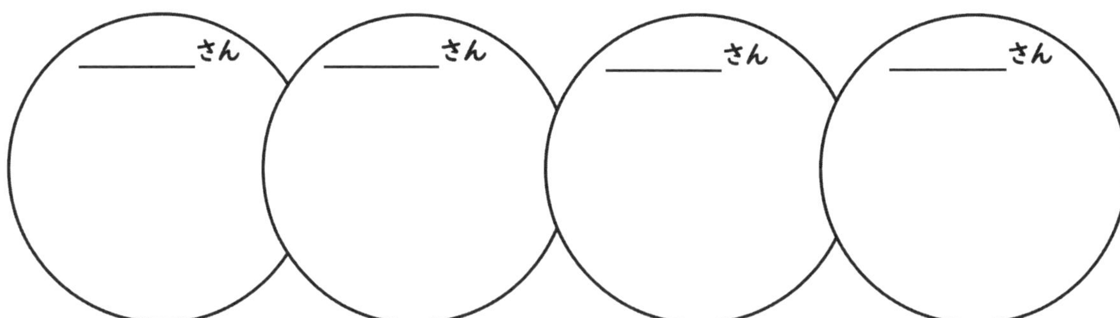

3．がんばった友達をみんなに紹介しましょう。

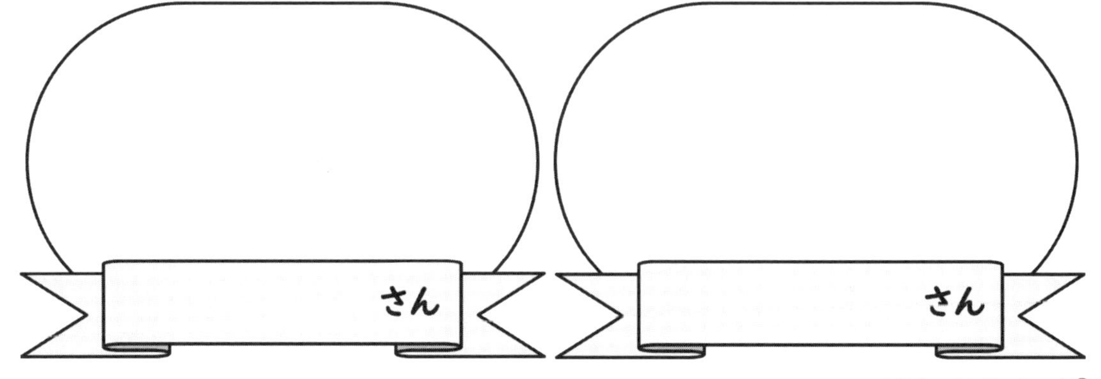

下学年へ賞状を送ろう

年　　　組　　　番　氏名（　　　　　　　　　　　　）

1．賞状を送る学年を決めましょう。

＿＿＿＿年生さんへ

2．がんばっていた姿をくわしく書きましょう。

賞状の例

賞状

一年生のみなさん

とても元気がよくてあかるいうたごえでした。はじめてのけんばんハーモニカもとてもじょうずでした。ありがとうございました。

六年一組　山田　太郎

キ　リ　ト　リ

行事を生活に生かそう

年　　　組　　　番　氏名（　　　　　　　　　　　　）

1. 行事の名前 を通して学んだことを ふりかえりましょう。

特にがんばったこと	特にがんばったこと

2．行動目標チャレンジシートに挑戦しましょう。

「1日10人に自分から元気よくあいさつをする」
「みんなで協力をして給食準備を10分以内に終わらせる」

数字が入った行動目標だとふりかえりがしやすいね。

それぞれの行動目標について、1回達成したら○を1つ塗（ぬ）りましょう。

エキサイトレベル	○○○○ 20	○○○○ 20	○○○○ 20
スーパーレベル	○○○○ 15	○○○○ 15	○○○○ 15
チャレンジレベル	○○○○ 10	○○○○ 10	○○○○ 10
スタートレベル	○○○○ 5	○○○○ 5	○○○○ 5
行動目標	行動目標❶	行動目標❷	行動目標❸

3．行動目標チャレンジシートに取り組んだ感想を書きましょう。

働くことの目的を考えよう

年　　　組　　　番　氏名（　　　　　　　　　　）

1．「働く」目的について考えましょう。

人はなぜ、働くのでしょうか。「お金をかせぐ」こと以外の目的を予想しましょう。

①

②

③

2．身近な大人にインタビューをしてみましょう。

質問の例）「なぜその仕事に就（つ）いたのですか」「仕事でやりがいに感じることは何ですか」

インタビューした人		日付	／　（　）
仕事の名前			
質問❶			
質問の答え			
質問❷			
質問の答え			
質問❸			
質問の答え			

3．インタビューから考えられる働くことの目的をまとめましょう。

6年生 12月 健康と安全への意識が高まるワークシート

〈12月の学級経営とシート活用ポイント〉

気温が低くなったり雪が降ったりするので、外で遊ぶ子が少なくなる時期です。体を動かすことに積極的に取り組ませましょう。地域によっては積雪のため、通学路が夏場とは異なり、より気をつけて登下校することが必要になります。歩行で注意を要する場所はどこなのか、子供たち自身に把握させることも大事です。また、冬休みに向けて予定を立てさせ、計画的に課題等を終わらせるよう、事前の指導も行っておきましょう。

1　日々の運動を充実させよう［ふりかえり型］［目標設定型］

スポーツ庁によれば、小学生の１日の運動時間の目標は、60分以上です。家や学校などで毎日運動するよう、意識を高めたいところです。天候を考慮し、屋外だけでなく、屋内の運動にも目を向けさせると良いでしょう。

2　朝食をふりかえろう［ふりかえり型］［目標設定型］

家庭科でも学習する「五大栄養素」をもとに、朝食のメニューをふりかえらせます。朝食を食べないで生活すると体にどんな影響があるのか、調べ学習をさせて、朝食の必要性を学び取らせます。また、しっかり朝食の時間を確保するために、就寝時刻や起床時刻を見直す契機にもします。

3　校内や地域の危険な場所を知ろう［思考型・検討型］［目標設定型］

教室や通学路など、いつも使っている場所でも、行動次第で事故が起きる可能性があることを子ども自身が理解するのが大事です。「もしも○○したら危ない」と、事故につながる要因を検討させることで、安全な行動を促します。

4　家での大掃除の計画を立てよう［目標設定型］

年末は、学校のみならず家でも大掃除に取り組ませて、身の回りの環境を整えさせることが大切です。家の中でどこを掃除するべきなのか、具体的な場所や用いる道具などを検討させます。また、掃除の意欲を高めるために、ワークシートを配布する前に、以下のような指示をすると効果的でしょう。

［主な指示等］「家の掃除。毎日している人は手を挙げてごらんなさい」
「自分の部屋がある人は、きれいにしていますか。きれいな自信がある人？」
「家の大掃除をするとしたらどこを掃除しますか。口々に言ってごらんなさい」

5　冬休みの目標を立てよう［目標設定型］

長いようで短いのが冬休みです。年末年始に気を抜きすぎることがないよう、年間予定表やカレンダーなどをもとに、事前に冬休みが何日間あるのか計算させると良いでしょう。また、「したいこと」と「するべきこと」を考えさせ、優先順位を決めさせることで、取り組むべき課題に目を向けさせておくことも大事です。

〈参考文献〉令和３年度全国体力・運動能力、運動習慣等調査【活用シート】／スポーツ庁／2021年
https://www.mext.go.jp/sports/content/20211219-spt_sseisaku02-000019583_1.pdf

日々の運動を充実させよう

年　　組　　番　氏名（　　　　　　　　　　）

1. 1日の運動時間をふりかえりましょう。

運動時間の目標は、1日60分以上とされています。1日にどのくらい運動しているか、昨日と一昨日（おととい）の時間を計算してみましょう。
（ただし、体育の時間は除（のぞ）きましょう。また、昨日や一昨日が休日なら、別の日で計算しましょう）

	朝休み	中休み	昼休み	放課後	合計
昨日	分	分	分	分	分
一昨日	分	分	分	分	分

2. どんな運動ができるか調べましょう。

家や学校や公園などで、どんな運動ができそうですか。 様々な方法で調べてみましょう。

運動	場所	時間	使うものなど
〈例〉ペットボトルタッチ 2本のペットボトルを3mくらい離（はな）して、ふたにタッチする。	家	10分	ペットボトル2本 ストップウォッチ

3. 友達が調べた運動を知りましょう。

自分が調べた運動を伝え、友達が調べた運動を聞きましょう。

4. 1週間取り組む運動を決めましょう。

自分が調べた運動や友達から聞いた運動から、1週間取り組むものを2つ決めましょう。
（天候を考え、屋外で行う運動だけではなく、屋内で行う運動も1つ入れておきましょう）

運動	場所	時間	使うものなど

朝食をふりかえろう

年　　　組　　　番　氏名（　　　　　　　　　　　　　　　　）

1. 五大栄養素をもとに、朝食をふりかえりましょう。

五大栄養素について、辞書や家庭科の教科書などで調べ、下の表にまとめましょう。
また、今日の朝食の食品を、それぞれ表に書いてみましょう。

五大栄養素	体の中でのおもな働き	朝食の食品
炭水化物	エネルギーになる。	
脂質（ししつ）		
たんぱく質	筋（きん）肉などをつくる。	
無機（むき）質		
ビタミン		

たとえば、「パン」なら「炭水化物」のらんに、
「牛乳」なら「無機質」のらんに、「りんご」なら「ビタミン」のらんに書きましょう。↑

2. 朝食を食べないと、どんな影響（えいきょう）があるのか調べましょう。

朝食を食べないと、体にどんな影響があるのでしょうか。様々な方法で調べましょう。

3. 朝の予定を立てましょう。

今夜は何時に寝（ね）て、明日は何時に起きて、どんな朝食にしますか。下に書いてみましょう。
また、書いた内容をおうちの人にも伝えて、協力してもらいましょう。

寝る時刻	起きる時刻	朝食（メニュー）
時　　分	時　　分	

校内や地域の危険な場所を知ろう

年　　　組　　　番　氏名（　　　　　　　　　　　　　　）

１．学校や地域での「危険な場所」を考えましょう。

⑴学校の中で、危険だと思える場所はありませんか。理由も書いてみましょう。

場所	理由
〈例〉教室の窓の近く	もしも手すりの間から顔を出したら、下に落ちそうになるから。

⑵地域の中で、危険だと思える場所はありませんか。理由も書いてみましょう。
（特に通学路や、いつも遊ぶ場所などで考えてみましょう）

場所	理由
〈例〉〇〇の大通り	横断歩道の信号がすぐ赤になり、走って渡らなければならないから。

２．発表しましょう。

（「１」で書いた内容を、班や学級の中で発表します）

３．気をつける場所を考えましょう。

自分で書いた内容や、友達の発表の中から、安全に生活するために最も気をつけなければいけない場所を、それぞれ書いてみましょう。

場所	今後、その場所でどう行動していくか
〈学校〉	
〈地域〉	

家での大掃除(そうじ)の計画を立てよう

年　　　組　　　番　氏名（　　　　　　　　　　　　　　　）

1．大掃除をどのようにするか考えましょう。

⑴自分の家で、最も掃除をしなければいけない場所はどこですか。また、それはなぜですか。

場所	
理由	

⑵　⑴の場所を掃除するためには何が必要ですか。また、時間はどのくらいかかりますか。

必要なもの	
時間	

⑶　⑴の場所を掃除する計画を立てましょう。

掃除を開始する日時	月　　日　　曜日　　　時から
掃除を終了する日時	月　　日　　曜日　　　時まで
掃除に使う道具をそろえる日	月　　日　　曜日
時間があったら、 他に大掃除をしたい場所	

2．大掃除をした後のことを考えましょう。

「1」の⑴で書いた場所をきれいに掃除したら、そこで何をしたいですか。
また、どんな気持ちになりそうですか。下に書いてみましょう。

冬休みの目標を立てよう

年　　組　　番　氏名（　　　　　　　　　　）

1．冬休みの日数を数えましょう。

予定表やカレンダーなどを使い、冬休みが何日間あるか計算してみましょう。

終業式の日	始業式の日	冬休みの日数
月　日　曜日	月　日　曜日	日間

2．冬休み中にすることを書きましょう。

冬休み中に「したいこと」や「しなければいけないこと」を、箇条（かじょう）書きで書けるだけ書きましょう。

3．優先事項（ゆうこう）を決めましょう。

「2」で書いたものの中から、「絶対にすること」に順位をつけて、下に書いてみましょう。

順位	絶対にすること	いつ／いつまで
第１位		月　日　曜日 まで
第２位		月　日　曜日 まで
第３位		月　日　曜日 まで
第４位		月　日　曜日 まで
第５位		月　日　曜日 まで

6年生 1月 卒業に向けた意識が高まるワークシート

〈1月の学級経営とシート活用ポイント〉

年末年始の家族行事や帰省等のわくわくを体験して、心も体も「学校モード」に戻すのがむずかしい時期です。年度末の3月に「このクラスで良かった」「中学校でも楽しく過ごしたい」と思うためには、この1月における気持ちの切り替えが大事になります。前の年をふりかえる以上に、新しい年の過ごし方に意識を向けさせましょう。

1　冬休みのがんばりを発表しよう［表明型・周知型］

早寝早起きのようなささいなこと、当たり前のことでも、それを続ける取り組みは大変価値のあることです。そんな小さながんばりをランキングにして、グループ・トークで交流します。ワークシートには「がんばれなかったこと」を書く欄もあります。がんばれなかったことを発表すると、交流の場が和みます。

［主な指示等］「4人一組の班を作ります。班を作ったら、ランキングの第3位から発表していきなさい」

2　今年の目標を四字熟語にして毛筆で書こう［思考型・模索型］

「初志貫徹」「一念発起」「一歩一歩」などもいいのですが、適当な四字熟語が思いつかないときは、オリジナルの四字熟語を子供に作らせるやり方があります。オリジナルを作らせるので、少し知的で面白い授業になります。途中、友達が作った四字熟語を聞いて、どんな目標を立てたのかをみんなで予想するのも、面白い展開となりそうです。最終的には半紙に清書させて、教室に飾ります。

3　どんな卒業式にしたいか考えよう［思考型・模索型］

あと3か月で卒業のこの時期だからこそ、卒業式までの過ごし方を考えさせたいものです。卒業式はおうちの方や地域の方もやってきます。そういう方たちにどんな姿を見せたいのかをイメージさせ、そこから今の自分はどんな気持ちで何をしたいのかを考えさせます。

4　卒業文集の内容を決めよう［思考型・模索型］

前年度までの卒業文集を読ませ、イメージを持たせると良いです。その上で、ワークシートを使って「どんな内容にしたいのか」を子供に検討させます。「〇〇な人ランキング」のような特定の人をとり上げるものよりも、クラスの全員が参加するタイプのもののほうがいいです。

5　6年生を送る会の内容を考えよう［思考型・模索型］

6年生を送る会の発表は、これまで自分たちが何を大切にしてきたのかをふりかえり、それを下学年に伝える発表にしたいものです。この時期は何かと忙しい時期でもあるので、教師は「これまで学習してきたことをきちんと発表するだけでも、自分たちのがんばりや感謝は十分に伝わるよ」というメッセージを添えると良いです。

冬休みのがんばりを発表しよう

年　　組　　番　氏名（　　　　　　　　　　　　）

1．がんばったことをランキングにしましょう。

年末年始は大掃除(そうじ)、年賀状書き、元朝参り、宿題ノート、書き初め、早寝(ね)早起きなど、様々にがんばったエピソードがあるでしょう。

それらのエピソードをランキングにして、トップ３を書きましょう。

第１位

第２位

第３位

2．がんばったことを発表しましょう。

グループをつくり、ランキングの３位から発表していきます。

時間があまったら、こっそり「がんばれなかったこと」を発表するのも良いですね。

【がんばれなかったことメモ】

今年の目標を四字熟語にして毛筆で書こう

年　　組　　番　氏名（　　　　　　　　　　　　）

1．今年の目標を四字熟語で表してみましょう。

今年の目標を四字熟語にしましょう。次の①〜③のようにやります。（できた人から、毛筆で書きます。）

①書き初め大会で金賞をとりたい →「書初金賞」
②毎朝６時に起きられるようにしたい →「六時起床（しょう）」
③残り少ない小学校生活を友達と楽しみたい →「友達大切」

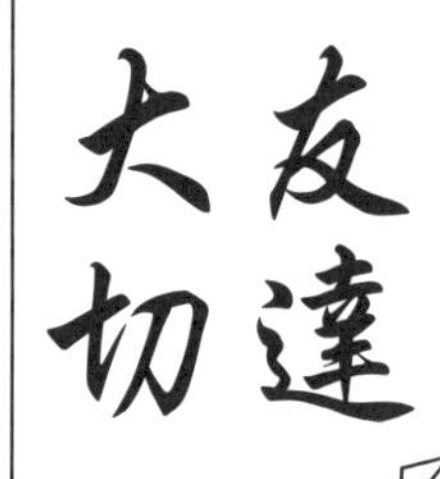

〈今年の目標〉

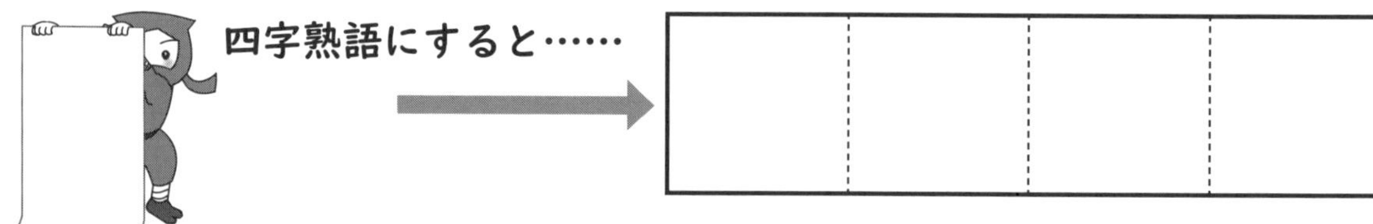

2．友達の目標を予想してみましょう。

友達の目標（四字熟語）を書き写して、どんな目標を立てたのかを予想します。
予想した後は、友達に聞いてみて、当たっているかどうか確かめましょう。

〈予想〉

どんな卒業式にしたいか考えよう

年　　組　　番　氏名（　　　　　　　　　　　　）

1．卒業証書授与式を考えましょう。

卒業証書授与式では、名前をよばれたら「はい」と返事をします。この「はい」は誰に聞かせているのですか。

あてはまる人物に○をつけましょう（○は一つでなくてもかまいません）。

（　　）校長先生

（　　）担任の先生

（　　）卒業生・在校生

（　　）その他

2．お客様の視点でとらえましょう。

卒業式は、保護者や地域(いき)の方々も参加します。

保護者や地域の方々は、卒業生の何を見に来ると思いますか。書きましょう。

3．卒業式までに自分ができることを考えましょう。

保護者や地域の方々ために、そして自分のために、今のあなたはどんな気持ちで何をしたいですか。書きましょう。

〈例〉今まで支えてくれた人に感謝する気持ちで、勉強に取り組みたい。

卒業文集の内容を決めよう

年　　組　　番　氏名（　　　　　　　　　　）

1．内容を考えましょう。

卒業文集の内容はどんなものにしたいですか。下の（　　）に○をつけるか、わくに書くかしましょう。

（　　）6年○組の教室紹介（しょうかい）……教室を上から見た図をかくページ
（　　）学級を漢字一字で表すとしたら？……一人一人が漢字とその理由を書く
（　　）担任の先生の解剖図（かいぼうず）……担任の先生の特徴（ちょう）を紹介するページ
（　　）6年○組の十大ニュース！……アンケート結果をランキングにするページ
（　　）わたしのCM……一人一人が自己紹介をするページ

2．「もしもこんなことがあったら？」をやってみましょう。

もしも明日が自分だけの休日で学校を休めるとしたら何をしますか？
下に自分の答えを書きましょう。

〈例〉それでも友達に会いに学校へ行く。

このような「もしも」問題を作って、クラスにアンケートするやり方もあります。
あなたはどんな「もしも」問題を出したいですか。下に書きましょう。

〈例〉もしも給食がチョコレートだけになったらどうしますか？

6年生を送る会の内容を考えよう

年　　　組　　　番　氏名（　　　　　　　　　　　　　　）

1．伝えたい思いを確かめましょう。

6年生として、下学年にどんな思いを伝えたいですか。あてはまるものに○をつけましょう（○は一つでなくてもかまいません）。

（　　）見えないところでも手をぬかないで、全力で取り組むこと
（　　）まわりの人たちに感謝すること
（　　）一人一人が力を合わせてがんばること
（　　）明るい笑顔をあふれさせること
（　　）こまっている人や苦しんでいる人にやさしくすること
（　　）その他 …… 下に書きましょう

2．発表の内容を考えましょう。

合唱、合奏（そう）、群読、劇（げき）、動画アニメーションなど、自分たちの思いを伝えるのにふさわしい発表は何ですか。理由も書いて、話し合いましょう。

【出し物】

【理由】

6年生 2月 学年の結びつきがさらに強くなるワークシート

〈2月の学級経営とシート活用ポイント〉

2月は来年度に向けての準備をする大切な時期です。卒業に向けての取り組みも本格的に始まります。最高学年として、学校や下学年のために、最後まで動き続けることが必要だと語ると良いでしょう。また、6年間一緒に生活した友達に感謝の気持ちを表す機会を作ることも、極めて大事な指導だと言えます。

1　学年の成長をふりかえろう［ふりかえり型］

個人の成長を認識させることに加え、学年全体での成長に目を向けさせることも必要です。「自分は成長している」と思えると、4月から新たに始まる中学校生活への期待や自信になるでしょう。

2　カウントダウンカレンダーを作ろう［思考型・模索型］

もうすぐ卒業の時期ですので、クラス全員で1つの物を作り上げるという機会も、あとわずかです。だからこそ一人ひとりに工夫をさせ、誰もが納得する最高の物を作り上げる経験をさせたいところです。カウントダウンカレンダー作成後は、全員分が見えるように教室に掲示する方法もあります。こうすることで、仲間意識がさらに高まるでしょう。

［「2」の後の指示］「班でデザインを見せ合い、工夫した点を発表しましょう。」「友達の良いところを参考にして作成することも、とっても大事なお勉強です。」

3　学年お別れ会を企画しよう［思考型・模索型］

卒業後は、子どもたちはそれぞれの中学校に行き、離れ離れになります。そのため、卒業前に学年全員の仲がさらに深まるイベントをさせたいところです。まず、学級会などで時間を取り、意見を交流させる時間を十分に与えて検討させると良いでしょう。

4　学年集会で意見を交流しよう［表明型・周知型］

上記の「3」に係るワークシートです。「3」において学級で検討した案を、学年集会で練り上げていきます。内容（何をいつどこでするか）や準備物（何を準備するか）や過程（どのように進めていくか）などを自分たちで考えさせ、企画・運営させることで、自己肯定感や達成感にもつながるはずです。

5　学年の友達に感謝の手紙を書こう［思考型・模索型］

1年生からお世話になった友達に手紙を書かせます。手紙を贈る相手は一人ではなく、たくさんの人に贈らせると良いでしょう。受け取る子が多くなるほど、子ども同士の親密度が高まったり、学年の雰囲気がさらに良くなったりするでしょう。なお、留意点としては、一枚ももらえない子が出ないようにすることです。以下の指示が有効です。

［指示］「一枚目は席が隣の子に書きましょう。二枚目からは自由に書きましょう。1年生から今までの出来事をよく思い出して、たくさんの人に感謝の気持ちを表しましょう。」

学年の成長をふりかえろう

年　　　組　　　番　氏名（　　　　　　　　　　　　　　　　）

1．一年間で自分自身が一番成長したなと思うことを書きましょう。

〈例〉積極的に発表ができるようになった。

2．自分の学級が一番成長したなと思うことを書きましょう。

〈例〉みんなで遊ぶことが増えた。

3．6年生全体が一番成長したなと思うことを書きましょう。

〈例〉最高学年として低学年が困（こま）っているときに助ける人が多くなった。

4．6年生が今より成長するためにできそうなことを書きましょう。

カウントダウンカレンダーを作ろう

年　　組　　番　氏名（　　　　　　　　　　　　）

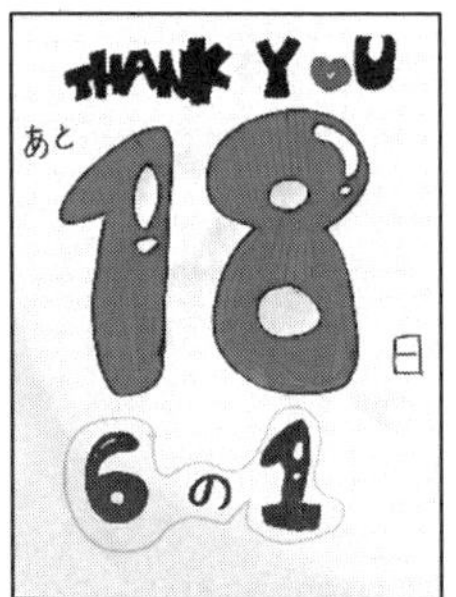

卒業までの日数を計算して、左の例のような「カウントダウンカレンダー」を作りましょう。自分たちが作成した「カウントダウンカレンダー」を毎日見ることで、残された小学校生活の日々を、さらに大切に思えるはずです。
（「あと 30 日」は A さん、「あと 29 日」は B さんというように、一人 1 日分を担（たん）当して作成します）

1．カウントダウンカレンダーを作る上で、工夫したいことを書きましょう。

〈例〉日数を目立つようにする。だれの作品かわかるようにする。

1．どんなデザインにするか、絵や文章などでかきましょう。

※デザインが決まったら作成しましょう。

学年お別れ会を企画しよう

年　　組　　番　氏名（　　　　　　　　　　　　）

1．学年でお別れ会をします。どんな会になれば良いですか。
3つ書きましょう。

1．

2．

3．

2．「1」で書いたことを達成するために、お別れ会でやりたいことを1つ書きましょう。

3．「2」をするために必要なものを考えて書きましょう。

場所……

準備物……

4．クラスで発表して、やることをいくつか決めましょう。

学年集会で意見を交流しよう

年　　　組　　　番　氏名（　　　　　　　　　　　　　　）

クラスで出た案を学年集会で発表し、決まったことを下に書きましょう。

1．「いつ」「何を」「どこで」することになったか書きましょう。

いつ……

何を……

どこで……

2．自分が担当(たん)するものや、自分が準備するものを書きましょう。

3．同じ担当の人同士などで、お別れ会までの予定を決めましょう。

〈例〉２月 15 日まで、当日の日程表を下書きし、16 日に 80 枚印刷をする。

学年の友達に感謝の手紙を書こう

年　　　組　　　番　氏名（　　　　　　　　　　　）

1．だれに手紙を書きたいですか。

□組　□さん

2．感謝したいことを書きましょう。

〈例〉お休みの人が多くて掃除（そうじ）が大変だった時に、手伝ってくれて、うれしかった。

3．手紙の下書きをしましょう。

〈例〉Aさんへ
いつも優しくしてくれてありがとう。お休みが多くて、掃除が大変だった時、手伝ってくれたね。すごくうれしかったよ。中学校ははなれるけど、Aさんの優しさは忘れないよ。また遊ぼうね。

（　　　　　　　　）へ

（　　　　　　　　）より

6年生 3月 六年間がしめくくられるワークシート

〈3月の学級経営とシート活用ポイント〉

６年生の３月は、小学校生活をしめくくる時期です。学習のまとめのみならず、生活のまとめも行う１ヵ月間にしましょう。卒業式の練習も始まり、慣れ親しんだ学校や仲の良い友達と離れ新たな生活が始まることに、期待と不安を抱える子も多いでしょう。そういう時期だからこそ、自分の気持ちを素直に伝えたり、共感的に聞き合ったりする活動が、極めて大事だと言えます。

1　学校に感謝の気持ちを表そう［思考型・検討型］

感謝する気持ちを育むことは大切な教育の一つです。６年間で自分たちがどんなときに誰にお世話になったのか、ふりかえることは有意義な時間となるでしょう。どのように感謝の気持ちを表すかについては、自分たちで考えさせたり、参考として前年度の６年生の取り組みなどを伝えたりすると良いでしょう。

2　おうちの人に感謝の手紙を書こう［思考型・検討型］［トレーニング型］

６年生にもなると、おうちの人との会話が減ったり、自分の気持ちをあまり伝えなくなったりする子がいます。だからこそ卒業前に手紙を綴らせ、感謝の気持ちや現在の心境を伝えることが非常に有効です。

［留意点］どの子も取り組めるように、ワークシートの３つの項目を埋めれば手紙が書けるようなフォーマット（型）を用いています。右の QR コードの PDF を子どもと共有すると良いでしょう。なお、子どもにもおうちの人にも特別な手紙となるよう、市販されている便箋を準備すると良いでしょう。

3　６年間の思い出を発表しよう［ふりかえり型］［表明型・周知型］

６年間の学校生活の中で、特に楽しかったことや悲しかったことなどをふりかえり、それらについて共感的に聞き合う活動を行います。そうすることで、小学校生活への充実感や友達との連帯感が、さらに得られるはずです。

4　中学校生活への期待と不安を語ろう［表明型・周知型］

中学校生活が楽しみな一方、新たな出発に不安を抱えたり緊張したりしている子も多いはずです。上記の「３」と同様に、ここでも共感的に聞き合う活動が効果的です。また、担任の先生が自身の中学校生活を思い出して語ることで、不安を軽減させたり、期待を膨らませたりすることができるでしょう。

5　最高の卒業式をつくろう［目標設定型］

６年間の集大成が卒業式です。どのような姿で式に臨むか、そのためにどうすべきか、考えさせることが大事です。「最高の卒業式」をイメージさせ、全体で共有させると、式への意欲が高まるでしょう。なお、卒業式は６年生全員の言動が常に注目される場であること、ひとりひとりが主役であることなどを、事前に語ると良いでしょう。

学校に感謝の気持ちを表そう

年　　　組　　　番　氏名（　　　　　　　　　　　　　　　　　）

1．学校でお世話になったことを考えましょう。

学校生活で、自分がお世話になったと感じることは何ですか。書けるだけ箇条書きしましょう。

〈例〉・担任の先生以外からも勉強を教えてもらった。特に理科では、たくさん実験をさせてもらえた。

2．感謝の気持ちどう表すか考えましょう。

お世話になったことに対して、どのように感謝の気持ちを表すと良いでしょうか。書けるだけ箇条書きしましょう。

〈例〉・先生方に気持ちが伝わるように、 全員に手紙を書いて職員室前に掲示する。

3．学級で意見を交流しましょう。

「２」で書いたことについて、実行できそうか、学級会などで話し合ってみましょう。

おうちの人に感謝の手紙を書こう

年　　　組　　　番　氏名（　　　　　　　　　　　　）

１．感謝の手紙に書く内容を考えましょう。

⑴次のような手紙を書きます。一度読んでみましょう。

佐藤紀一様、りつ様

　春風が心地よく感じられる季節となりましたね。
　さて、３月18日に、ぼくは小学校を卒業します。今まで６年間、小学校生活を見守っていてくれて、ありがとうございました。
　特に印象に残っているのは、６年生の時の授業参観です。自分の親に授業の様子を見られるのがはずかしくて、正直言って「来てほしくないな」と思っていました。でも、家に帰ってから、「がんばっていたな」と声をかけられて、本当にうれしかったです。
　これまで、いろいろとめいわくをかけてきたなとも思います。宿題をやらないで学校に行き、先生から注意をされたとき、家に帰ってからめちゃくちゃ怒られたけど、「おまえの力なら宿題くらいできるだろ」とはげましてくれたのは、ありがたいなと思っていました。
　４月からは中学生です。勉強も難しくなると思うけど、自分なりに精一杯がんばりたいです。
　これからも見守っていてください。

令和６年３月２日

佐藤太郎

⑵次の四角の中に当てはまる内容を考え、下書きに生かしましょう。

〈印象に残っている出来事〉

〈今だから言えること〉

〈中学校生活への決意〉

２．感謝の手紙を書きましょう。

「１」の⑵で書いた内容を見ながら、下書きをして、気持ちをこめて便箋（せん）に清書しましょう。

６年間の思い出を発表しよう

年　　　組　　　番　氏名（　　　　　　　　　　　　　　）

１．６年間の思い出をふりかえりましょう。

１年生から６年生までの出来事を思い出し、「喜怒哀楽」でふりかえってみましょう。
（喜……うれしかったこと、怒……腹がたったこと、哀……悲しかったこと、
楽……楽しかったこと）

	出来事	理由（なぜそう思うのか）
喜	〈例〉５年生の時、合唱コンクールで優勝した。	〈例〉それまで一度も優勝したことがなかったから。
怒		
哀		
楽		

２．友達の「喜怒哀楽」を聞きましょう。

「１」で書いた「喜怒哀楽」から一つ選び、班や学級で発表しましょう。

３．感想を書きましょう。

「２」で話したことや聞いたことについて、どう思いましたか。感想を書いてみましょう。

中学校生活への期待と不安を語ろう

年　　組　　番　氏名（　　　　　　　　　　）

1．「期待」と「不安」を出してみましょう。

中学校では、どんな生活になるでしょうか。期待していることと、不安に思っていることを、それぞれ書けるだけ書いてみましょう。

期待	〈例〉他の小学校から来る人と友達になることが楽しみ。
不安	〈例〉「算数」が「数学（すうがく）」になって、難しくなりそうだから心配。

2．友達の気持ちを聞いてみましょう。

「1」でどんなことを書いたか、班やクラスで発表してみましょう。

友達の「不安なこと」については、「こうすればきっと安心」という案があれば、ぜひ発表してみましょう。

3．先生に聞いてみましょう。

先生にも中学生時代がありました。「人生の先輩（ぱい）」として、どんな中学生時代だったのか、聞いてみましょう。下の四角に質問したいことを書きましょう。

最高の卒業式をつくろう

年　　　組　　　番　氏名（　　　　　　　　　　　　）

１．「最高の卒業式」を想像しましょう。

自分たちにとって、「最高の卒業式」とは、どんなものですか。思いつくだけ書いてみましょう。

〈例〉全員で校歌を一生懸（けん）命歌う卒業式。

２．友達の意見を聞いてみましょう。

「１」でどんなことを書いたか、 班やクラスで発表してみましょう。

３．「最高の卒業式」をつくるために、するべきことを考えましょう。

「１」や「２」で書いたり聞いたりしたことをもとに、何をどうしたら良いか考えましょう。
下のらんに、それぞれ３つずつ、するべきことを書いてみましょう。

卒業式まで	〈例〉校歌の歌詞を正確に覚えて、伸ばす音に気をつけながら練習する。 ① ② ③
卒業式当日	〈例〉「小学校生活最後の校歌だ」と思い、心をこめて歌う。 ① ② ③

あとがき

学級経営は楽しいです。
もしも楽しくないならば、方法が間違っているのかも知れません。

私が初任者のとき、パワフルで明るい４年生を担任しました。
大学に入る前から夢見ていた、小学校教師としての勤務。
それは心躍る毎日でした。
しかし、４月、５月と経つにつれて、自分が思い描いていた理想とは違う何かを感じ始めました。
６月には「早く夏休みになってほしい……」とさえ思っていました。
その理由は、一言で表せます。

学級経営がうまくいっていないから

でした。
特に何か大きなトラブルが持ち上がったわけではありません。
子どもたちは元気で、よい子です。
それなのに、体と心が一日一日、少しずつ疲弊する感じなのです。

授業は今よりずっと下手で、教室には弛緩した空気が流れていました。
休み時間は生き生きしている子どもたちも、授業中は目がトローンとして、活力が抜けたようでした。
「４年１組の『１』は、１番の『１』だ」。
最初に掲げて全員に伝えた「学級目標（らしきもの）」が、単なる画餅になっていました。
今思えば、授業のスキルも、学級経営のスキルも、まったく持ち合わせていませんでした。

教師にスキルがない状態では、学級がうまく機能しないのは当然だ

と言えます。
にも関わらず当時は、そのようなスキルの存在すら知らない状態でした。

教師になり、15 年ほど経ちました。
その間、指導主事も経験しました。
現在こうして学級担任として仕事を続けられるのは、経験の中で身につけた知識とともに、TOSS（「Teachers' Organization of Skill Sharing」の略称。日本最大の教師による研究団体）で学んで得た知識やスキルに拠るところが大きいです。

たとえば、向山洋一先生の『新版　授業の腕を上げる法則』(学芸みらい社)、谷和樹先生の『谷和樹の学級経営と仕事術』(騒人社) などからは、非常に多くの学びを得ました。

それらの本を読まずして教壇に立ち続けていたなら、早晩、体と心を壊して教師を辞めてしまっていたのではないか、とすら思えます。

本書は、学級経営のスキルを、ワークシートという形で具現化したものです。

執筆は、TOSSで学んでいる実力派の先生方に依頼しました。

ですから、本書にあるワークシートは、学級経営における多くの部分をカバーしてくれるはずです。

ワークシートを教室で用いれば、

1．熱中する子ども
2．思考する子ども
3．仲良くなる子ども
4．楽しむ子ども
5．意欲的になる子ども

などの姿が見られるでしょう。

もちろん、本書のワークシートをすべて使う必要はありません。

「教師ページ」や実際のワークシートを見て、「おもしろそうだな」「これを学級でやってみよう」と思うものだけをピックアップするのも可能です。

大事なのは、学級経営と同様、自分の学級の子どもたちの実態を把握し、教師が主体的に判断することです。

あるいは場合によっては、本書のワークシートを真似て、新たなワークシートを自作することも可能でしょう。

きっと、学級経営が今よりもずっと楽しくなるはずです。

末筆ながら、本書を監修してくださったTOSS代表の谷和樹先生、編集の機会を与えてくださった学芸みらい社の樋口雅子編集長と阪井一仁氏に、心から感謝しております。

教員の道を歩ませてくれた両親、毎日の生活を支えてくれている家族にも感謝します。

本書が多くの方々のお役に立つのであれば、これに勝る喜びはありません。

佐藤智彦

◎**執筆者一覧**

4月　田丸義明　神奈川県公立小学校
5月　本澤　航　埼玉県川口市立本町小学校
6月　岡　孝直　岡山県井原市立木之子小学校
7月　笹原大輔　山形県尾花沢市立宮沢小学校
9月　若井貴裕　滋賀県野洲市立中主小学校
10月　菅野祐貴　宮城県仙台市立鶴谷小学校
11月　富樫僚一　宮城県仙台市立蒲町小学校
12月　佐藤智彦　山形県山形市立蔵王第一小学校
1月　後藤隆一　茨城県ひたちなか市立津田小学校
2月　櫻井愛梨　兵庫県大学生
3月　佐藤智彦　山形県山形市立蔵王第一小学校

◎監修者紹介

谷　和樹（たに かずき）

玉川大学教職大学院教授。兵庫県の公立小学校担任として22年間勤務。兵庫教育大学修士課程修了。各科目全般における指導技術の研究や教師の授業力育成、教材開発、ICT教育等に力を注いでいる。著書には『谷和樹の学級経営と仕事術』（騒人社）『みるみる子どもが変化するプロ教師が使いこなす指導技術』（学芸みらい社）など多数。学級担任として子供達と向き合いながら「どの子も大切にする優れた教育技術」等を若い頃から向山洋一氏に学び、主にTOSSの研究会で活動してきた。
現在はTOSS（Teacher's Organization of Skill Sharing）代表、日本教育技術学会会長、NPO教師力プロジェクト理事長等を務める。

◎編著者紹介

佐藤智彦（さとう ともひこ）

山形市立蔵王第一小学校教諭。山形県出身、大東文化大学文学部卒業。練馬区立仲町小学校教諭、山形県教育庁義務教育課指導主事などを経て、現職。主な著書に『学習者端末 活用事例付 国語教科書のわかる教え方 3・4年』（一部執筆）［学芸みらい社］他、『教育トークライン』［教育技術研究所］などでの論文多数。

知的生活習慣が身につく
学級経営ワークシート 11ヶ月＋α
5・6年

2023年5月1日　初版発行

監修者　谷　和樹
編著者　佐藤智彦
発行者　小島直人
発行所　株式会社学芸みらい社
〒162-0833　東京都新宿区箪笥町31番 箪笥町SKビル3F
電話番号 03-5227-1266
https://www.gakugeimirai.jp/
E-mail : info@gakugeimirai.jp
印刷所・製本所　藤原印刷株式会社
企　画　樋口雅子
校　正　阪井一仁
装丁・本文組版　小沼孝至
本文イラスト　辻野裕美 他

落丁・乱丁本は弊社宛お送りください。送料弊社負担でお取り替えいたします。

ISBN978-4-86757-020-3 C3037